इश्क़ लम्हे

ग़ज़ल और नज़्म

अमीता परशुराम 'मीता'

वाणी प्रकाशन

वाणी प्रकाशन

4695, 21-ए, दरियागंज, नयी दिल्ली 110 002

फ़ोन : +91 11 23273167 फ़ैक्स : +91 11 23275710

शाखाएँ

अशोक राजपथ, पटना 800 004, बिहार

कॉफ़ी हाउस कैम्पस, महात्मा गांधी मार्ग, इलाहाबाद 211 001, उत्तर प्रदेश

महात्मा गांधी अन्तरराष्ट्रीय हिन्दी विश्वविद्यालय, वर्धा 442 001, महाराष्ट्र

सुल्तानिया रोड, मोतिया पार्क, भोपाल 462 001, मध्य प्रदेश

www.vaniprakashan.com
marketing@vaniprakashan.in
sales@vaniprakashan.in

ISHQ LAMHE
by Ameeta Parsuram 'Meeta'

ISBN : 978-93-89012-35-4
Ghazal/Nazm

प्रथम संस्करण 2020

मूल्य : ₹ 349

सिटी प्रेस, दिल्ली-110 095 में मुद्रित

वाणी प्रकाशन का लोगो मक़बूल फ़िदा हुसेन की कूची से

इन्तिसाब

मेरे वालिद जनाब शान्ति सागर पाहवा
के नाम
जिन्होंने मुझे जीना सिखाया

इश्क़ साहिल है ज़िन्दगी तूफ़ाँ
इश्क़ है जान इश्क़ ही ईमाँ
इश्क़ लम्हे हयात के हासिल
इनके ज़ेरे–असर तो हर इमकाँ

फ़ेहरिस्त

वो और इश्क़

इश्क़

अमीता एक हस्सास शायर!

मुझे इस पर सख़्त एतराज़ है के उर्दू ज़बान में जिंस के हिसाब से शायरों और शायरात में फ़र्क़ किया जाता है।

शायर और अदीब बस फ़नकार होते हैं, उनका औरत या मर्द होना कुदरती सच्चाई है, मगर उनका शायर होना या अदब पैदा करना एक समाजी, इन्फ़िरादी फ़नकाराना अमल है। मेरी राय में अगर जिंस अदब पर हावी हो तो अदब का क़द घट जाता है ।

सफ़ी लखनवी ने कहा,

"ग़ज़ल उसने छेड़ी मुझे साज़ देना"

...और उनका ये ख़ूबसूरत मिसरा ख़ास मौक़ों पर याद आता रहता है। अमीता की ग़ज़लें पढ़ीं तो ऐसा लगा के उन्हें साज़ माँगने की ज़रूरत ही नहीं। ये मैं दोस्ती की वजह से नहीं कह रहा, इसकी वजह ये है के उनके चारों तरफ़ साज़ बिखरे हुए हैं, ग़ज़लों के अन्दर भी और बाहिर भी। उर्दू की सारी रिवायत को पूरी करती हुई बा–वज़न ग़ज़लों के अन्दर अपनी एक खनक होती है, सुर–ताल होते हैं, जो अगर गायी न भी जायें, तब भी क़ारी और सुनने वाले को एक वज्द की तरफ़ राघिब करती हैं ।

अपनी बात सामईन तक पहुँचाने की पहली शर्त ये है कि ज़बान और अल्फ़ाज़ कानों पर गिराँ न गुजरें, इनकी लय मद्धम हो और बात सहजता से कही जाये। ग़ज़ल की सख़्ती शायर को ज़्यादातर इस शर्त को पूरा करने पर, ख़ुद–ब–ख़ुद माजूर करती है। ग़ज़ल में सख़्त अल्फ़ाज़ शजर–ए–मम्नून की हैसियत रखते हैं पर इन शराइत

को पूरा करने के लिए शायर को रिवायत और अरूज़, दोनों का इल्म होना ज़रूरी है। ये इल्म सिर्फ़ किताबों से नहीं सीखा जा सकता, इसको हासिल करने के लिए अदबी माहौल में परवरिश और फ़न को सीखने की ख़्वाहिश भी ज़रूरी है। अमीता की ग़ज़लें उर्दू शायरी की रिवायत में रची–बसी हैं, ये सुबूत है इस बात का के उन्हें न कभी अदबी माहौल की कमी पड़ी और न सीखने की ख़्वाहिश की।

ग़ज़लों को पढ़कर ये भी अहसास होता है कि मौसीक़ी का इल्म और उनके चारों तरफ़ बिखरी हुई सरगम अमीता की ग़ज़लों को एक नर्म जामा पहना रही हैं ।

अल्फ़ाज़ के बीच सरगम के तार हैं जो उन्हें बाँध रहे हैं और ये उनकी ग़ज़लों की सबसे बड़ी ख़ूबी मालूम होती है। शायद मौसीक़ी के इल्म ने ही इन्हें ज़्यादातर लम्बी बहर की ग़ज़लों से दूर रखा है। लम्बी बहर में बात कहना आसान है और छोटी बहर में मुश्किल। अमीता को कम अल्फ़ाज़ में अपनी बात मुकम्मल करने में कोई परेशानी नहीं।

मैंने बारहा ये कहा है कि मैं ज़िन्दगी–भर इश्क़िया शायरी लिखने से बचता रहा। मगर इसका ये मतलब नहीं के मुझे इश्क़िया शायरी पसन्द नहीं, या अच्छी और बुरी, इश्क़िया शायरी की तमीज़ नहीं। कोई उर्दू ज़बान सीखे और इश्क़िया शायरी से बच जाये ऐसा मुम्किन ही नहीं। पता नहीं माहिर–ए–लिसानियात अमीता के बारे में क्या राय रखते हैं, मगर मैं उनकी ग़ज़लों को अच्छी और हस्सास इश्क़िया शायरी के दायरे के अन्दर मानता हूँ । उनकी लगभग हर ग़ज़ल में पुराने और नये मज़मून मौजूद हैं और मौजूदा दौर पर तब्सिरा करते हुए भी उनकी आवाज़ मद्धम ही रहती है। अक्सर शोरा इस मीज़ान पर पूरे नहीं उतरते।

अमीता इक हस्सास दिल की मालिक हैं, और ये उनकी ग़ज़लों से शफ़्फ़ाफ़ शीशे की तरह ज़ाहिर होता है, मगर वो औरत की आज़ादी की अलम–बरदार भी हैं। ये उनकी शख़्सियत का अहम पहलू है। मेरी ये ख़्वाहिश भी है और दुआ भी के उनके दिल को

एक और चोट लगे और वो सारा गुस्सा जो इस मर्दों की दुनिया में औरत को घुट–घुट कर मरने पर मजबूर करता है, फूट–फूट कर निकले और उनकी हर ग़ज़ल, हर शेर और हर मिसरे पर छा जाये। ये सिर्फ़ समाज की ही नहीं उर्दू शायरी की भी बड़ी ख़िदमत होगी। हालाँकि मैं यक़ीन रखता हूँ कि वो यह काम उर्दू शायरी की सारी रिवायत का पास रखते हुए करने की सलाहियत रखती हैं, लेकिन अगर ये रिवायत उनके पैरों की बेड़ी बन गयी हैं और इस क़दम को उठाने से रोक रही हैं तो इन्हें तोड़ना बेहतर होगा और मुझे या उनके किसी भी दूसरे पढ़ने वाले को इसमें कोई एतराज़ न होगा।

–गौहर रज़ा

पेश-लफ़्ज़

डॉ. अमीता परशुराम ख़ुद को 'मीता' कहती हैं। मीता याने परम प्रिय मित्र, अज़ीज़ दोस्त, सोलमेट, जो आपके अहसासात को समझ सके। आप दिल्ली विश्वविद्यालय में साइकोलॉजी की प्रोफ़ेसर हैं। इन्सान के अहसासात को ख़ूब समझती हैं और अहसासात को अल्फ़ाज़ का जामा पहनाने की लाजवाब कुव्वत की मालिक भी हैं। मीता ने रंजो–ग़म की तीरगी को न सिर्फ़ ज़िन्दगी का हासिल तस्लीम किया है बल्कि उसे ज़बान देने के लिए शायरी का ऐसा लिबास भी पहनाया जो ख़ुशरंग है। मीता की शायरी में दौर–ए–हाज़िर की कश्मकश भी नज़र आती है और इन्फ़िरादी जज़्बात की तर्जुमानी भी।

उनकी शायरी में वियोग ने जगह–जगह अपनी अहमियत का अहसास कराया है। मुझे बेसाख़्ता छायावाद के सुतून सुमित्रानन्दन पन्त के शब्द याद आ रहे हैं–'वियोगी होगा पहला कवि आह से उपजा होगा गान।' उनके अशआर में एक औरत की हस्सास तबीयत की झलक मिलती है। ज़ेरे–नज़र किताब के औराक़ पढ़ने से मीता की अबयात ने कुछ सोचने पर मजबूर किया। आज के दौर में जब कोई ख़ातून शायरी की रहगुज़र से गुज़रती है तो एक फ़ितरी मुसर्रत हासिल होती है।

शायरी में बहुत–सी असनाफ़ अपनी आब–ओ–ताब से ताबिन्दा है, लेकिन ग़ज़ल को एक आफ़ाक़ी बुलन्दी और शोहरत हासिल है। ग़ज़ल के सफ़र में शायरात की तादाद कम है फिर भी महलक़ा बाई चन्दा से लेकर आज की ख़ुद गो शायरा तक

बहुत तवील फ़ेहरिस्त है। मीता का नाम इस फ़ेहरिस्त में बल्कि इस बाब में एक इज़ाफ़ा है।

शायरी हमेशा ज़ौक़–ए–विज्दान से होती है, जो यहाँ ब–दर्जा–ए–अतम मौजूद है। उम्मीद है इनका कलाम पढ़ने वाले ज़रूर पसन्द करेंगे और अक्सर मुक़ामात पर इनके अशआर ज़र्ब–उल–मसल भी बनेंगे और उर्दू अदब में इनका ये शेरी मजमुआ क़द्र की निगाह से देखा जायेगा।

दुआ करते हैं कि ग़मे–दिल और ग़मे–दुनिया के साथ सफ़र करते–करते मीता की शायरी मक़्बूलियत की मंज़िलों तक पहुँचे।

नेक ख़्वाहिशात के साथ...

–कामना प्रसाद

"तुम्हीं हो आख़री पहचान मेरे होने की"

ग़ज़ल ने हज़ारों बरस का मुश्किल सफ़र तय करने के बाद भी अपने आपको आज तक ताज़ादम रखा है। अरब के रेगिस्तानों में फूल खिलाती हुई, समन्दर की लहरों पर अपने बिछड़े हुए महबूब का नाम लिखती हुई, ईरान के शाबिस्तानो से ताज़गी और तहज़ीब की चादर ओढ़ती हुई जब हिन्दुस्तान में दाख़िल हुई तो यहाँ के साहिलों और यहाँ की सरहदों पर दोशीज़ा–ए–ग़ज़ल का इस्तक़बाल करने वालों की हज़ारहा आँखें उसका इन्तज़ार कर रही थीं। हिन्दुस्तान के रेशमी मौसमों और कुँवारपन से लदी हुई ख़ुशबुओं ने उसके हुस्न में इतना इज़ाफ़ा कर दिया, उसे इतना फैलाव दे दिया कि लोग ग़ज़ल के इब्तिदाई सफ़र को भूलकर सिर्फ़ उर्दू ग़ज़ल के इश्क़ में गिरफ़्तार हो गये। यहाँ फ़क़ीरों और दरवेशों ने उसके सर पर हाथ रक्खा। सिपाहियों ने उसे तलवार जैसी ज़ुबान अता की, जोगनों ने अपना लिबास उतारकर उसके जिस्म पर डाल दिया। शायद यही वजह है कि सदियाँ गुज़र जाने के बाद भी ग़ज़ल का जादू कम होने का नाम ही नहीं लेता।

ये बातें लिखने की ज़रूरत इसलिए पेश आयी के मेरे सामने मोहतरमा अमीता परशुराम 'मीता' की क्लासिकी ग़ज़ल में रची–बसी ग़ज़लों का एक ऐसा मुसव्विदा रक्खा है जो किताबी टकसाल में सुनहरे सिक्कों की तरह ढलने के लिए तैयार है। मुझे इस किताब के सिलसिले में चन्द जुमले तहरीर करने के लिए कहा गया है। मैं नहीं जानता कि इसका सबब मजमुए के काग़ज़ की किल्लत है

या मेरी शब्दों की फ़िज़ूलख़र्ची है लेकिन मैं इस बात का शुक्रगुज़ार भी हूँ और अपने आप को ख़ुशनसीब भी समझता हूँ कि मोहतरमा अमीता 'मीता' साहिबा के ख़ुशगुफ़्तार लहजे की शीरीनी में डूबी हुई ख़ूबसूरत ग़ज़लें पढ़ने की मेरी आँखें गवाह हैं; यूँ तो अच्छे शेर की पहचान अलग–अलग तनक़ीद निगारों ने अपने तौर पर बयान की है लेकिन एक शायर की हैसियत से मैं पूरी ईमानदारी से ये कह सकता हूँ कि अच्छी शायरी वही होती है जो लिखने वाले के दिल का आईना होती है। मुझे 'मीता' जी की ग़ज़लें अच्छी लगीं क्योंकि उनमें हिन्दुस्तानी सादगी और संस्कार बातें करते हुए दिखाई देते हैं। उन्होंने महबूब को कहीं चाँद नहीं लिखा है, लेकिन उनकी ग़ज़ल में उनका महबूब चाँद जैसा ही दिखाई देता है। उन्होंने अपने ग़मों की दास्तान पर किसी की हमदर्दी का मरहम नहीं लगाया है क्योंकि उनके ज़ख़्म कर्ब की शिद्दत से गुज़रकर अब उस मुक़ाम तक पहुँचने लगे हैं जहाँ जख़्म शायरी के फूलों की तरह महकने लगते हैं।

मैं सिर्फ़ चन्द अशआर यहाँ नक़ल कर रहा हूँ जो यक़ीनन आपके ज़हनों में कहीं–न–कहीं महफ़ूज़ रह जायेंगे–

ख़ुदा बना दिया उनको मेरी मुहब्बत ने
हमेशा दिल में रहे और रू–ब–रू न रहे

वो जो मेरा कभी हुआ ही नहीं
उसका ही इख़्तियार है अब तक

काबा–ओ–दैर में अब ढूँढ़ रही है दुनिया
जो दिल–ओ–जान में बसता था ख़ुदा और ही था

रोज़े–अज़ल से जारी सज़ाओं का सिलसिला
फिर भी थमा नहीं ख़ताओं का सिलसिला

अब अश्क़बार होते नहीं हैं दुआओं में
नाकाम यूँ हुआ है दुआओं का सिलसिला

तेरी यादों से महका है मेरी तन्हाई का आलम
क़यामत तक इन्हीं तन्हाइयों में डूबना चाहूँ

—मुनव्वर राना

चन्द अल्फ़ाज़ मेरी तरफ़ से...

मैं, अमीता परशुराम, आज ज़िन्दगी के जिस मुक़ाम पर पहुँच पायी हूँ, उसकी सबसे अहम वजह हैं मेरे वालिद, जनाब शान्ति सागर पाहवा, जिनकी उर्दू ज़बान पर पकड़ और उर्दू शायरी को रोज़मर्रा की ज़िन्दगी का हिस्सा बनाने का अन्दाज़, अदब की दुनिया को मेरे क़रीब लाया। जिस तरह उन्होंने ज़िन्दगी का फ़लसफ़ा और जीने का ढंग मुझ तक पहुँचाया, उसका मेरी शख़्सियत पर गहरा असर है।

ये मेरी ख़ुशनसीबी है कि मेरी परवरिश ऐसे माहौल में हुई जहाँ प्यार और रिश्तों की क़द्र थी, एक–दूसरे का हाल–अहवाल पूछने की फ़ुर्सत थी, एक–दूसरे के ग़म और ख़ुशी में शरीक होने का जज़्बा था। शायद इसलिए ये कोई हैरत की बात नहीं कि प्यार, मोहब्बत, इश्क़ मेरी रगों में दौड़ते हैं

'ख़ूबतर मैंने गुज़ारी मीता
कुछ नहीं, सिर्फ़ मोहब्बत की है'

इश्क़ से जुड़े मेरे जज़्बे तक आप तभी पहुँच सकते हैं जब इश्क़ को आप सिर्फ़ रिश्तों तक ही महदूद न रखें।

'इश्क़ लम्हे' मेरा पहला मजमुआ है, ये मेरे शेरी सफ़र में एक पड़ाव है...जहाँ कुछ देर ठहर कर, जब मैंने एक नज़र अपनी तमाम ग़ज़लों और नज़्मों पर डाली तो लगा जैसे मेरा हर शेर मेरी ही कहानी भी है और मैं हर एक शेर के ज़रिये हर शख़्स की कहानी के साथ भी जुड़ रही हूँ...हर शख़्स के अन्दर छुपी एक हस्सास रूह के साथ जुड़ रही हूँ।

'नक़ाबों से परे देखा तो जाना
हर इक चेहरा मेरे जैसा है यारो'

'इश्क़ लम्हे' एक कोशिश है...मेरी ज़िन्दगी के सफ़र और इसके साथ जुड़े हुए तमाम जज़्बात और तजुर्बात, मेरी ग़ज़लों और नज़्मों के ज़रिये आप तक पहुँचाने की।

मेरे कलाम में पोशीदा हैं कुछ कहानियाँ उन लोगों की, जिन्होंने मुझे इस क़ाबिल समझा कि अपने ख़ुशी और ग़म के लम्हात मेरे साथ साझा किये। तहे–दिल से उन सबका शुक्रिया ।

मैं ये समझती हूँ कि सुरों और लफ़्ज़ों का सबसे हसीन इम्तिज़ाज ग़ज़ल गायकी में नज़र आता है।

आज से पहले मेरा कलाम ग़ज़ल एलबम के ज़रिये लोगों तक पहुँचा था। मेरे कलाम से जुड़े 5 ग़ज़ल एलबम और एक सिंगल, मंज़रे–आम तक आ चुके हैं ।

आज के दौर में जब कि हर दूसरा शख़्स रिश्तों में ख़ुद को ग़ैर–महफ़ूज़ पाता है...मेरा दावा है के शायरी दिलों को जोड़ती है...मैं ख़ुशनसीब हूँ कि अदब की दुनिया के अनगिनत लोगों का प्यार मेरे हिस्से में आया है। मैं तहे–दिल से शुक्रगुज़ार हूँ उन तमाम अहबाब की, जिन्होंने बेहद मसरूफ़ होने के बावजूद, मेरे कलाम को पढ़ने के लिये वक़्त निकाला और अपने–अपने नज़रिये से, इसके बारे में अपनी सोच साँझा की।

तहे–दिल से शुक्रिया...प्रो. गौहर रज़ा, प्रो. शहपर रसूल, कामना प्रसाद साहिबा, फ़रहत अहसास, शारिक़ कैफ़ी, मुनव्वर राना, डॉ. नसीम अजमल, डॉ. इफ़्फ़त ज़रीन, आसिफ़ कमाल, चन्दन दास, उस्ताद शुजात ख़ान साहब का।

मैं शुक्रगुज़ार हूँ, शबाना आज़मी और जावेद अख़्तर साहब की, जिन्होंने क़दम–क़दम पर मेरा साथ दिया और मेरी हौसला–अफ़ज़ाई की।

ज़िन्दगी के सफ़र में, पिछले क़रीब 11 सालों में मुझे बे–इन्तिहा हौसला मिला है, मेरी बेहद अज़ीज़ आपा निख़त मेहदी और शाहिद

मेहदी साहब की जानिब से; मैं तहे–दिल से उनकी हौसला–अफ़ज़ाई और मोहब्बत के लिए शुक्रगुज़ार हूँ।

मैं शुक्रगुज़ार हूँ शान्ति हीरानन्द जी की, के उन्होंने मेरी ग़ज़लों को अपनी आवाज़ बख़्शी।

दो अज़ीम हस्तियाँ जो अब हमारे साथ नहीं, मगर उनकी दुआएँ मेरे साथ हैं, अनवर जलालपुरी और मलिकज़दा मंज़ूर अहमद साहब ...उनसे मेरी मुलाक़ात 2012 के शंकर–ओ–शाद मुशायरे में हुई...मैं तहे–दिल से उनका शुक्रिया अदा करती हूँ कि उन्होंने मेरे कलाम को सराहा।

शुक्रिया नसीम भाई, आपने मुझको मेरे फ़न और फिर मेरी ही आवाज़ से मिलवाया और तब मैंने हिम्मत करके अपना कलाम अपनी आवाज़ में रिकॉर्ड किया...

शुक्रिया आसिफ़ भाई, आप के साथ बातचीत के सिलसिले मुझ तक दाग़ देहलवी घराने की रिवायत और शायरी का अन्दाज़ कुछ इस तरह लाये कि वो मेरी शायरी का अहम हिस्सा बन गये।

शुक्रिया मेरी दोस्त बुशरा अलवी रज़्ज़ाक़, आज 'इश्क़ लम्हे' अगर मंज़रे–आम पर आ रही है तो इसमें एक अहम रोल तुम्हारा है। मिज़ाजन, मैं इंट्रोवर्ट हूँ, अगर तुम इतने प्यार से मुझे मजबूर न करतीं तो शायद मैं ये क़दम न उठा पाती...

बहुत सारी दुआएँ और मोहब्बत!

मेरे शेरी सफ़र में मेरी फ़ैमिली का हर क़दम पर साथ रहा...प्यार और दुआएँ लक्षमन, नीलिमा, और रवि परशुराम के लिए!

और अब उनका ज़िक्र जिनकी आवाज़ और गायकी ग़ज़ल की रूह है, मलिका–ए–ग़ज़ल मधुरानी साहिबा!!

मैं खुशनसीब हूँ कि मुझे मधुरानी साहिबा ने अपने दिल में जगह दी, ये उनसे मिली मोहब्बत ही है जिसने मेरे शेरी सफ़र के हर गाम पर, मुझे इस बात के लिए मोहतात रखा कि शायरी के मयार में कोई कमी न आने पाये...शुक्रिया मधुरानी जी।

मैं शुक्रगुज़ार हूँ सालिम सलीम की, जिन्होंने अपनी बेहद मसरूफ़

ज़िन्दगी से वक़्त निकालकर इस मजमुए को लफ़्ज़–दर–लफ़्ज़ पढ़ा, ताकि इसमें किसी तरह की कोई कमी न रह जाये।

सालिम सलीम आप ख़ुश रहें, सलामत रहें!

मैं तहे–दिल से शुक्रगुज़ार हूँ वाणी प्रकाशन ग्रुप की, ख़ास तौर पर अदिति और अरुण जी की, कि उन्होंने मेरे मजमुए 'इश्क़ लम्हे' को वाणी प्रकाशन की किताबों के अथाह समन्दर का हिस्सा बनाया है।

आख़िर में....

वो जिनका ज़िक्र आया है और वो भी जिनका ज़िक्र मेरी कोताही की वजह से न आया हो...सभी के लिए...

दुआएँ और मोहब्बतें....

–डॉ. अमीता परशुराम 'मीता'

हम्द

तुझे कब से ढूँढ़े मेरी नज़र ऐ मेरे ख़ुदा
क्या नहीं है तुझको मेरी ख़बर ऐ मेरे ख़ुदा

तू ही नाख़ुदा, तू ही रहनुमा, तू ही पासबाँ
तू ही चारागर, तू ही हमसफ़र, ऐ मेरे ख़ुदा

तेरे नूर ही के ज़ुहूर से सभी रौनक़ें
कहा तूने 'कुन', बने बहर–ओ–बर, ऐ मेरे ख़ुदा

ऐ मेरे ख़ुदा, तू ही इब्तिदा, तू ही इन्तिहा
तेरी ज़ात सबसे है म'ओतबर ऐ मेरे ख़ुदा

तेरे इश्क़ में, तेरे इश्क़ में, तेरे इश्क़ में
मुझे दीन–ओ–दुनिया की क्या ख़बर ऐ मेरे ख़ुदा

मैं और इश्क़

1

ज़िन्दगी अपना सफ़र तय तो करेगी लेकिन
हमसफ़र आप जो होते तो मज़ा और ही था

दूर से यूँ ही लगा था के बहुत दूरी है
जब क़रीब आये तो जाना के गिला और ही था

मेरे दिल ने तो तुझे और ही दस्तक दी थी
तूने ऐ जान जो समझा जो सुना और ही था

अब ये आलम है कि दौलत का नशा तारी है
जो कभी इश्क़ ने बख़्शा वो नशा और ही था

काबा–ओ–दैर में अब ढूँढ़ रही है दुनिया
जो दिल–ओ–जान में बसता था ख़ुदा और ही था

2

रोज़े–अज़ल[1] से जारी सज़ाओं का सिलसिला
फिर भी थमा नहीं है ख़ताओं का सिलसिला

क़ायम है अब भी मेरी वफ़ाओं का सिलसिला
इक सिलसिला है उनकी जफ़ाओं का सिलसिला

अब अश्क़बार[2] होते नहीं हैं दुआओं में
नाकाम यूँ हुआ है दुआओं का सिलसिला

पाँव तले ज़मीं न मिला आसमाँ कोई
मेरा सफ़र है जैसे ख़लाओं[3] का सिलसिला

आज़ाद हो चुकी हूँ हर इक सिलसिले से मैं
ले जाये अब कहीं भी हवाओं का सिलसिला

ख़ुदसाख़्ता[4] ख़ुदाओं ने जीना किया मुहाल
रब जाने कब रुकेगा 'ख़ुदाओं' का सिलसिला

---

1. आदिकाल, 2. आँसू बरसाने वाला, 3. शून्य, 4. स्वनिर्मित (ख़ुद का गढ़ा हुआ)।

मुफ़लिस[1] की ज़िन्दगी तो है मुफ़लिस की ज़िन्दगी
ख़ामोश अनकही–सी सदाओं[2] का सिलसिला

सहराई[3] ज़िन्दगी में वो आये कुछ इस तरह
हर सिम्त अब हुआ है घटाओं का सिलसिला

---

1. ग़रीब, 2. आवाज़ों, 3. सूखी।

3

कह भी दूँ हाल–ए–दिल अगर, शायद
उनपे हो जाये कुछ असर, शायद

अब ज़माना है बेवफ़ाई का
सीख लें हम भी ये हुनर, शायद

बाद मुद्दत के ये ख़याल आया
रास आया नहीं सफ़र, शायद

हम ही अब तक समझ नहीं पाये
कुछ तो कहती है वो नज़र, शायद

वैसे तो फ़ासला नहीं कोई
कश्मकश है, अगर, मगर, शायद

हर नज़ारे में उसका ही जलवा
तुमको आता नहीं नज़र शायद

अजनबी–अजनबी से चेहरे हैं
ये नहीं है मिरा नगर शायद

नींद तारी[1] है आसमानों पर
या दुआ में नहीं असर शायद

अब कोई आरज़ू नहीं बाक़ी
ख़त्म होता है ये सफ़र शायद

मौज–दर–मौज एक नश्शा था
अब वो दरिया गया उतर शायद

ज़िन्दगी, अब तुझे सँवारे क्या
कोशिशें सारी बेअसर शायद

इक जहाँ अजनबी रहा 'मीता'
इक जहाँ मुझ से बाख़बर, शायद

1. छायी हुई।

4

ये आरज़ू है कि अब कोई आरज़ू न रहे
किसी सफ़र किसी मंज़िल की जुस्तजू[1] न रहे

अजीब दिल है, इसी दिल का अब तक़ाज़ा है
किसी भी बज़्म में अब उसकी गुफ़्तगू न रहे

मज़ा तभी है मोहब्बत में ग़र्क़[2] होने का
मैं डूब जाऊँ, तो ये हो कि तू भी तू न रहे

बताओ उनकी इबादत कुबूल क्या होगी
नमाज़–ए–इश्क़ में जो लोग बा–वुज़ू[3] न रहे

ख़ुदा बना दिया उनको मेरी मोहब्बत ने
हमेशा दिल में रहे और रू–ब–रू[4] न रहे

---

1. खोज या तलाश, 2. डूबा हुआ, 3. नमाज़ पढ़ने के लिए हाथ–मुँह धोना, 4. आमने–सामने।

5

हाँ तेरा इन्तज़ार है अब तक
मुझमें इक जाँनिसार[1] है अब तक

वो जो मेरा कभी हुआ ही नहीं
उसका ही इख़्तियार[2] है अब तक

कोई उम्मीद तो नहीं फिर भी
इक हसीं इन्तज़ार है अब तक

क्या ये आवारगी की मंज़िल है?
हर क़दम सू–ए–यार[3] है अब तक

हर जनम आग में जली सीता
फिर भी वो दाग़दार है अब तक

1. जान देने वाला, 2. पकड़, 3. महबूब की तरफ़।

6

जो हसीं ज़ीस्त[1] की तस्वीर दिखाई सब ने
इक कहानी थी, सुनी, और सुनाई सब ने

सिर्फ़ ख़्वाबों का सराबों[2] का सफ़र जीते हैं
ज़िन्दगी की जो हक़ीक़त है भुलाई सब ने

ख़ुद बनाकर वो नई रस्म कहा करते हैं
'रस्म तो रस्म है', फिर रस्म निभाई सब ने

ख़ून दे दे के जिसे सब ने बुझाया था कभी
जाने क्यों फिर से वही आग लगाई सब ने

अहल–ए–दिल[3] के लिए क्या जान की बाज़ी मीता
जान देनी थी, तो फिर जान गँवाई सब ने

---

1. ज़िन्दगी, 2. भ्रम, 3. प्यार करने वाले।

7

बस एक ज़िद हूँ तुम्हारी तुम्हारा प्यार नहीं
और ऐसे प्यार पे अब मुझको ऐतबार नहीं

इक ऐसे मोड़ पर आ के कहानी रुक–सी गई
जहाँ पे जीत नहीं और किसी की हार नहीं

जो पारसा[1] हैं उन्हीं से सवाल है मेरा
बताओ कौन यहाँ पर गुनहगार नहीं

ये कश्मकश है, किसे अपना राज़दाँ समझें
अजीब दौर है, अब कोई राज़दार नहीं

1. ज़ाहिद।

8

वक़्त से लम्हा–लम्हा खेली है
ज़िन्दगी इक अजब पहेली है

उसकी यादें भी बेवफ़ा निकलीं
सिर्फ़ तन्हाई अब सहेली है

आज मौसम भी कुछ उदास मिला
आज तन्हाई भी अकेली है

उसकी यादों ने फिर से दस्तक दी
ख़ूब मौसम ने चाल खेली है

जीने मरने के दरमियाँ 'मीता'
रूह ने जैसे क़ैद झेली है

9

सुबह–ए–रौशन को अँधेरों से भरी शाम न दे
दिल के रिश्ते को मेरी जान कोई नाम न दे

मोड़ आते ही मुझे छोड़ के जाने वाले
फिर से तन्हाइयाँ बेचैनियाँ कोहराम[1] न दे

मुझको मत बाँध वफ़ादारी की ज़ंजीरों में
मिस्ले–बादल[2] हूँ भटक जाने का इल्ज़ाम न दे

मुतमइन[3] दोनों हैं, मैं और मेरी तर्ज़–ए–हयात[4]
तश्नगी[5] मेरे मुआफ़िक़[6] है कोई जाम न दे

आसमाँ देने का ऐ दोस्त दिखावा मत कर
मुझको उड़ने की इजाज़त तू तह–ए–दाम[7] न दे

हाँ निभाये हैं मोहब्बत के फ़राइज[8] मैंने
मुस्तहिक़[9] भी हूँ मगर कोई भी इनआम न दे

दिल के अफ़साने का आग़ाज़ हसीं है 'मीता'
सिलसिला यूँ ही चले कोई भी अंजाम न दे

---

1. शोर–शराबा, 2. बादल की मिसाल, 3. सन्तुष्ट, 4. जीने का ढंग, 5. प्यास, 6. उचित, 7. जाल के नीचे, 8. कर्तव्य, 9. हक़दार।

10

मेरे जज़्बात–ओ–ख़यालात तू समझा कब था
हमसफ़र यूँ तो रहा, रूह में उतरा कब था

खींच लाया तुझे अहसास–ए–तहफ़्फ़ुज़[1] मुझ तक
हमसफ़र होने का तेरा भी इरादा कब था

मौज–दर–मौज भँवर खींच रहा था मुझको
मेरी कश्ती के लिए कोई किनारा कब था

ज़ाहिरन[2] साथ वो मेरे था मगर आँखों से
बदगुमानी के नक़ाबों को उतारा कब था

तुझको मालूम नहीं अपनी वफ़ाओं का सिला
जान–ए–जाँ मैंने जो चाहा था ज़ियादा कब था

दो किनारों को मिलाया था फ़क़त लहरों ने
हम अगर उसके न थे, वो भी हमारा कब था

---

1. सुरक्षा की भावना, 2. दिखने में।

उसने मेरी ही रफ़ाक़त[1] को बनाया मुल्ज़िम
मैं अगर भीड़ में थी, वो भी अकेला कब था

वो तेरा अहद–ए–वफ़ा[2] याद है अब तक 'मीता'
भूल बैठी हूँ मोहब्बत का ज़माना कब था

---

1. दोस्ती, 2. वफ़ादारी का वादा।

11

मैं बहर–ए–इश्क़[1] की गहराइयों में डूबना चाहूँ
जुनूँ की ख़ुशनुमा रानाइयों[2] में डूबना चाहूँ

जहाँ ख़ुद की ख़बर हो पाये और न होश वालों की
अब ऐसी अंजुमन आराइयों[3] में डूबना चाहूँ

कभी उल्फ़त की राहों में, हुई थी रू–ब–रू जिन से
उन्हीं जज़्बात की परछाइयों में डूबना चाहूँ

तेरी यादों से महका है मेरी तन्हाई का आलम
क़यामत तक इन्हीं तन्हाइयों में डूबना चाहूँ

रहे–उल्फ़त का हासिल हैं अगर रुसवाइयाँ 'मीता'
तो मैं हर गाम[4] पर रुसवाइओं[5] में डूबना चाहूँ

---

1. इश्क़ का समन्दर, 2. सुन्दरतायों, 3. जश्न, 4. क़दम, 5. बदनामियों।

12

कमबख़्त दिल ने इश्क़ को वहशत[1] बना दिया
वहशत को हमने बाइस–ए–रहमत[2] बना दिया

क्या–क्या मुग़ालते[3] दिये दौर–ए–जदीद[4] ने
नफ़रत को प्यार, प्यार को नफ़रत बना दिया

हमने हज़ार फासले जी कर तमाम शब
इक मुख़्तसर[5] सी रात को मुद्दत[6] बना दिया

मख़्सूस[7] हद पे आ गई जब बेरुख़ी तेरी
उस हद को हमने हासिल–ए–क़िस्मत[8] बना दिया

---

1. उन्माद, 2. कृपा का कारण, 3. धोखे, 4. आधुनिक, 5. छोटी–सी, 6. लम्बा समय, 7. ख़ास, 8. भाग्य का लेखा।

13

मोहब्बत उम्र भर की रायगाँ[1] करना नहीं अच्छा
सँभल ऐ दिल, अना को आसमाँ करना नहीं अच्छा

कुछ ऐसे राज़ होते हैं बयाँ करना नहीं अच्छा
हर इक चेहरे की सच्चाई अयाँ[2] करना नहीं अच्छा

किसी नाकाम हसरत की जो सुलगे आग सीने में
हवा यादों की मत देना, धुआँ करना नहीं अच्छा

चमन में हूँ तो फिर मैं भी चमन का एक हिस्सा हूँ
तग़ाफ़ुल[3] इतना मेरे बाग़बाँ[4] करना नहीं अच्छा

हिफ़ाज़त से उतारो अश्क़–ए–ग़म को दिल की सीपी में
किसी क़तरे को बहर–ए–बेक़राँ[5] करना नहीं अच्छा

उजाले ही नहीं, है तीरगी[6] भी ज़ीस्त का हासिल
के इन तारीकियों[7] को बेज़ुबाँ करना नहीं अच्छा

---

1. व्यर्थ, 2. प्रकट, 3. लापरवाही, 4. माली, 5. निर्बाध समुद्र, 6. अँधेरा, 7. अँधेरों।

14

लबों पे इश्क़ का दावा हज़ार दिल में शकूक[1]
क्या इस तरह भी मोहब्बत निभाई जाती है?

वो एक लम्हा जिसे आप ले के आये थे
वो एक याद न भूले भुलाई जाती है

अजीब उनको गिला है, कही नहीं मैंने
वो दिल की बात जो दिल से निभाई जाती है

वो आग जिसकी तपिश रूह तक पहुँचती है
कोई बताए वो कैसे बुझाई जाती है

वो याद आज भी शादाब[2] दिल के सहरा[3] में
वो महकी याद न दिल से मिटाई जाती है

1. बहुत सारे शक, 2. हरा–भरा, 3. रेगिस्तान।

15

आपका हम से बेवफ़ा होना
हो गया तय कि है जुदा होना

कब ज़मीं पे वो पाँव रखते हैं
रास आया जिन्हें 'ख़ुदा' होना

मैं फ़रिश्ता नहीं इक इन्साँ हूँ
लाज़मी है कोई ख़ता होना

काटकर उम्र क़ैद साँसों की
रूह ने तय किया रिहा होना

अजनबी हैं जो राह–ए–उल्फ़त से
क्या समझ पायेंगे फ़ना होना

ख़ुद से जो नाशनास हैं 'मीता'
क्या निभायेंगे रहनुमा होना

16

किसी के प्यार के आगे भी हैं मुक़ाम[1] कई
के हुस्ने–यार के आगे भी हैं मुक़ाम कई

गुज़र ही जायेंगे तेरे फ़िराक़[2] के मौसम
हर इन्तज़ार के आगे भी हैं मक़ाम कई

जो तुमने मुझको दिया और मैंने तुमको दिया
उस इख़्तियार के आगे भी हैं मुक़ाम कई

हर एक सिम्त[3] नई राह और मुस्तक़बिल[4]
के कू–ए–यार[5] के आगे भी हैं मुक़ाम कई

वो जिस ख़ुमार की ज़द[6] में गुज़ार दी हमने
उसी ख़ुमार के आगे भी हैं मुक़ाम कई

वो जिसने दिल को धड़कना सिखा दिया 'मीता'
अब ऐसे प्यार के आगे भी हैं मुक़ाम कई

---

1. जगह, 2. वियोग, 3. दिशा, 4. आने वाला कल, 5. यार की गली, 6. गिरफ़्त।

17

अगर है ज़िन्दगी इक जश्न तो नामेहरबाँ[1] क्यों है?
फ़र्सुदा[2] रंग में डूबी हुई हर दास्ताँ क्यों है?

तुम्हें हमसे मोहब्बत है, हमें तुमसे मोहब्बत है
अना का दायरा[3] फिर भी हमारे दरमियाँ क्यों है?

वही सब कुछ, रज़ा उसकी, तो फिर दिल में गुमाँ क्यों है
सवालों और जवाबों से परीशाँ मेरी जाँ क्यों है?

हर इक मंज़र के पस–मंज़र[4] में तेरा ही करिश्मा है
यक़ीनन ख़ालिक़–ए–कुन[5] तू तो आँखों से निहाँ क्यों है ?

तुझी को है मयस्सर[6] हर बुराई का दमन करना
तो नाइन्साफ़ियों के दौर में तू बेज़ुबाँ क्यों है?

---

1. जो कृपा नहीं कर सकता, 2. उदास, 3. हद, 4. मंज़र के पीछे, 5. दुनिया बनाने वाला, 6. उपलब्ध।

18

ज़िन्दगी तुझसे प्यार का वादा
प्यार पे एतबार का वादा

भूल जाओ ख़िज़ाएँ[1] माज़ी[2] की
अब मुसलसल[3] बहार का वादा

पहले कब था यक़ीन वादों पर
अब है दिल को क़रार[4] का वादा

उसका वादा है लौट आने का
और मेरा इन्तज़ार का वादा

दिल की ज़िद है के जीत लूँ उसको
अक़्ल करती है हार का वादा

इक दफ़ा प्यार करके देखो तो
है मुकम्मल ख़ुमार का वादा

---

1. पतझड़, 2. अतीत, 3. लगातार, 4. चैन।

19

इस तरह ख़ुद से मोहब्बत की है
गोया[1] दुनिया से बग़ावत[2] की है

जिस तरह तुम ने मोहब्बत की है
हमने क्या तुम से शिकायत की है?

मेरी यादों के हो तुम्ही वारिस
दिल ने क्या ख़ूब वसीयत की है

ख़ूबतर मैंने गुज़ारी 'मीता'
कुछ नहीं सिर्फ़ मोहब्बत की है

1. जैसे, 2. विद्रोह।

20

वापसी का सफ़र (नज़्म)

मेरी तलाश मुझे ले चली है माज़ी में
तुम्हीं बताओ मैं ख़ुद को कहाँ तलाश करूँ
पिघल–पिघल के सदा इम्तिहाँ की आतिश में
वुजूद ढल गया मेरा अजीब साँचों में
वो इक वुजूद जो रिश्तों में खो गया है कहीं
उसी वुजूद को फिर से कहाँ तलाश करूँ

तराशना है नया इक मुजस्समा[1] या फिर
मैं अपने गुमशुदा[2] हिस्सों को फिर तलाश करूँ
तुम्हीं बताओ मैं ख़ुद को कहाँ तलाश करूँ

सवाल ये है कि तुमसे ही क्यों मुख़ातिब[3] हूँ
चलो बताऊँ तुम्हें, तुम से क्यों सवाल किया
तुम्हीं पे आ के रुका था मोहब्बतों का सफ़र
तुम्हीं हो आख़री पहचान मेरे होने की
तो क्यों न तुम से शुरू हो ये वापसी का सफ़र?

---

1. प्रतिमा, 2. भटका हुआ, 3. बात करने वाला।

तुम्हारे प्यार के बदले जो प्यार तुमको दिया
मेरी वफ़ाओं ने जो इख़्तियार तुमको दिया
वो इख़्तियार जो तुमने क़फ़स[1] में ढाल दिया
उसी क़फ़स से रिहाई है इब्तिदा[2] मेरी

तुम्हारे नाम किया था जो उम्र का हिस्सा
ये इल्तिज़ा[3] है मेरी आज मुझको लौटा दो
बड़ा कठिन है मेरी जाँ ये वापसी का सफ़र
रिहाई दे के मुझे, आज मुझसे मिलवा दो

---

1. पिंजरा, 2. शुरुआत, 3. प्रार्थना।

21

जी लूँ (नज़्म)

कभी लगता है के
बुझती–सी जा रही हूँ
जीते जीते
कुछ बचे–खुचे रिश्ते निभा रही हूँ
करमों की ज़ीस्त पे किश्तें बाक़ी हैं
शायद
वही चुका रही हूँ

और अब ये आलम है आगही का
के मुझको मालूम है
मेरी ज़िन्दगी के फ़ैसले मेरे नहीं
हाँ मैं अब जान चुकी हूँ
और मैं अब मान चुकी हूँ
के
मेरा माज़ी न हाल–मुस्तक़बिल
नहीं किसी पर भी इख़्तियार मुझको
क्या यही सच है मेरे होने का ?
और अगर यही सच है
तो फिर...

रिश्ते क्यों?
मलाल क्यों?

ज़िन्दगी का जश्न क्यों?
मौत पर सवाल क्यों?

क्या सच है मेरी ज़िन्दगी का?
क्या इख़्तियार है मेरा ज़िन्दगी पर?
शायद...सिर्फ़ इतना ही
के जी लूँ...
वो ख़ुशियाँ वो ग़म
वो नेमतें वो अलम
जो नसीब में हैं

जी लूँ...
सुरों की रानाईयाँ
दर्द भरी मुस्कान
रिश्तों की भीड़ में
अपनी इक पहचान
जी लूँ वो ज़िन्दगी...
जो अमानत है उसी की
जी लूँ वो ख़ुशियाँ...
जो इनायत हैं उसी की

जी लूँ कुछ इस तरह...
के जब मैं हूँ, न मेरा वुजूद है
तो कोई ये न कह सके...
...के मैं...
सिर्फ़ ज़िन्दा थी...!

22

अन्जान सफ़र (नज़्म)

चल अपने–अपने रस्ते पर अब अपने ही संग चलते हैं

इक उम्र का हासिल[1] प्यास रही, दरिया की अजब थी लाचारी
जो उम्र मिली जीने के लिए, सो तुमपे गँवा दी है सारी
अब अपनी–अपनी करते हैं, चल अपने आप से लड़ते हैं
जो ज़ख़्म दिये इक–दूजे को, वो दूरी से अब भरते हैं
हम अपने–अपने शानों[2] पर, उस दर्द का बोझ उठाये हुए
जो इक–दूजे को हमने दिये, अब तन्हा–तन्हा चलते हैं

लगता है कहीं तो पहुँची हूँ, मंज़िल–सी नज़र आती है मगर
ताहद्दे–नज़र[3] है तन्हाई, कैसी है जगह, पहुँची हूँ जहाँ
कोई भी नहीं, कुछ भी तो नहीं, हर सिम्त[4] नज़र आता है धुआँ
घनघोर अँधेरे में दिल को कुछ दूर नज़र आई है शुआ
ऐ दिल तू सँभल, मत और मचल, इस बार नया कुछ करते हैं
इस बार तो 'मीता' अपने लिए अन्जान सफ़र को चलते हैं

1. नफ़अ, 2. कन्धों, 3. जहाँ तक नज़र जाये, 4. दिशा।

वो और इश्क़

यक़ीनन इसे मेरी ख़ुशनसीबी की हद कहना चाहिए कि मुझे मधुरानी साहिबा से इतना प्यार, मोहब्बत और दुआएँ नसीब हुई हैं। मेरे मुम्बई जाने का एक ख़ास मक़सद होता है, मधुरानी साहिबा के साथ एक मुलाक़ात। उनके साथ बिताया हुआ वक़्त, उनकी बातें, उनके क़िस्से, मुझे एक ऐसे दौर का नज़ारा कराते हैं, जिसे शायरी और मौसीक़ी का सबसे हसीन दौर कहा जा सकता है। मीनाकुमारी साहिबा, मेहदी साहब, जयदेव साहब, कई अज़ीम क्लासिकल संगीत के उस्ताद...जब इन सबका ज़िक्र मधुरानी साहिबा की बातों में आता है, तो मैं किसी और ही दुनिया में पहुँच जाती हूँ।

हिन्दुस्तान की शान, मलिका–ए–तरन्नुम, मलिका–ए–ग़ज़ल मधुरानी साहिबा की नज़्र मेरी एक ग़ज़ल...

ऐसी ही एक शाम थी। बालकनी से ताहद्दे–नज़र समन्दर की मौजों का नज़ारा था। सुर्ख़ सूरज डूब रहा था। कुछ देर बाद मधुरानी साहिबा के शौहर, अब्बास साहब भी घर आ गये और आप दोनों की जानिब से इर्शाद हुआ कि मैं अपना कलाम पेश करूँ।

मैंने एक ग़ज़ल के चन्द अशआर सुनाने शुरू किये...मधुरानी साहिबा और अब्बास साहब की आवाज़ों में 'वाह' सुनकर मेरी जो कैफ़ियत थी उसको बयान करना मुश्किल है।

और फिर एक शेर सुनकर दोनों ने एक साथ कहा, 'मुक़र्रर'...

वो शेर है...

'दर्द जब ज़ब्त की हर हद से गुज़र जाता है
ख़्वाब तन्हाई की आग़ोश में सो जाते हैं'

और फिर मधुरानी साहिबा ने इस शेर के साथ, अपने हाथों से मेरे लिए दुआ कह दी!!!

इस दुआ के बाद मेरे अन्दर की शायर और क्या माँग सकती है!

23

शिद्दते–शौक़[1] के अफ़साने[2] तो हो जाते हैं
फिर न जाने वही आशिक़ कहाँ खो जाते हैं

मुझसे इर्शाद[3] ये होता है के समझूँ उनको
और फिर भीड़ में दुनिया की वो खो जाते हैं

दर्द जब ज़ब्त[4] की हर हद से गुज़र जाता है
ख़्वाब तन्हाई की आग़ोश में सो जाते हैं

बस यूँ ही कहते हैं वो मेरे थे मेरे होंगे
और इक पल में किसी और के हो जाते हैं

कुछ तो अहसास–ए–मोहब्बत से हुईं नम आँखें
और कुछ याद के बादल भी भिगो जाते हैं

कोई तदबीर[5] न तक़दीर से लेना–देना
बस यूँ ही फ़ैसले जो होने हैं, हो जाते हैं

---

1. चाहत की प्रबलता, 2. कहानियाँ, 3. आदेश, 4. सहनशक्ति, 5. उपाय।

पास रह जाती है इक याद तेरी यादों की
हम के जज़्बात की हर चोट पे रो जाते हैं

हम तो पाबन्द–ए–वफ़ा[1] पहले भी थे, आज भी हैं
आप ही फ़ासले ले आये तो लो, जाते हैं

1. वफ़ादार।

24

रक़ीब–ए–जाँ[1] नज़र का नूर हो जाये तो क्या कीजे
ज़ियाँ[2] दिल को अगर मंज़ूर हो जाये तो क्या कीजे

वफ़ा करने से वो मजबूर हो जाये तो क्या कीजे
मोहब्बत रूह का नासूर[3] हो जाये तो क्या कीजे

वही चर्चे, वही क़िस्से, मिली रुसवाइयाँ हमको
उन्हीं क़िस्सों से वो मशहूर हो जाये तो क्या कीजे

ज़माने से गिला कैसा जब अपने जिस्म का साया
अँधेरे में ख़ुद हमसे दूर हो जाये तो क्या कीजे

ख़ुदा को इतना चाहूँ तो ख़ुदा हो जायेगा राज़ी
मगर वो और भी मग़रूर[4] हो जाये तो क्या कीजे

उसे तो ख़ुशबुओं का रहनुमा[5] होना मयस्सर[6] था
वो अपनी ज़ात[7] में महसूर[8] हो जाये तो क्या कीजे

मुनव्वर[9] जिसके दम से थी हमारी ज़िन्दगी 'मीता'
वही महताब ग़र मस्तूर[10] हो जाये तो क्या कीजे

---

1. जान का दुश्मन, 2. नुक़सान, 3. रिसने वाला लाइलाज घाव, 4. घमण्डी, 5. मार्गदर्शक, 6. उपलब्ध, 7. हस्ती, 8. घिरा हुआ, 9. रौशन, 10. छुपा हुआ।

25

जब से तुझको ख़ुदा बनाया है
ख़ुद को खोकर ही ख़ुद को पाया है

मैंने समझा था हमक़दम है तू
मुड़ के देखा वो मेरा साया है

जिसका चर्चा है मेरे शेरों में
नाम वो कब ज़बाँ पे आया है

जिसको कहते हैं लुत्फ़–ए–दर्द–ए–इश्क़
ऐ ज़माने, वो मैंने पाया है

26

मेरी बातों को क्यों गिला समझे
क्या कहा मैंने आप क्या समझे

जो दिया दर्द तेरी उल्फ़त ने
हम उसी दर्द को जज़ा[1] समझे

हासिल–ए–इश्क़[2] वस्ल–ओ–फुरक़त[3] है
हम जुदाई को क्यों सज़ा समझे?

सर झुकाया था मैंने ताज़ीमन[4]
आदतन वो उसे अदा समझे

ज़िन्दगी की उदास राहों पर
हम थे ख़ामोश वो ख़फ़ा समझे

---

1. अच्छे काम का सिला, 2. इश्क़ की उपलब्धि, 3. मिलना और बिछड़ना, 4. आदर सहित।

27

मेरे हमसफ़र, मेरी जान–ए–जाँ, कहूँ और क्या
तेरी कुर्बतों[1] में हैं दूरियाँ, कहूँ और क्या

तेरी आरज़ू, तेरी जुस्तजू, रही कू–ब–कू
यही मुख़्तसर[2] सी है दास्ताँ, कहूँ और क्या

तू ये जान ले, मेरी हार में, तेरी हार है
न हो बदगुमाँ[3] न ले इम्तिहाँ, कहूँ और क्या

ऐ रक़ीब–ए–जाँ, कोई रौशनी न तलाश कर
के बुझे चिराग़ का हूँ धुआँ, कहूँ और क्या

---

1. नज़दीकियों, 2. छोटी, 3. अविश्वासी होना।

28

प्यार उनसे न अब गिला कोई
क़ुर्बतें हैं न फ़ासला कोई

क्या गिला कीजिए जफ़ाओं का
जब नहीं ख़्वाहिश–ए–वफ़ा कोई

हमने तर्ज़–ए–हयात[1] ही बदला
कोई अच्छा न अब बुरा कोई

जाऊँ उस जा जहाँ भी जी चाहे
मंज़िलें अब न रास्ता कोई

बहर–ए–ज़ुल्मत[2] से मैं उभर आई
पाँव से लिपटे रास्ता कोई

ख़ुद से मिलने का प्यार करने का
बन ही जायेगा सिलसिला कोई

ये तो दुनिया है, आनी–जानी है
कब हमेशा यहाँ रहा कोई

---

1. ज़िन्दगी जीने का ढंग, 2. अँधेरे का दरिया।

29

बहुत कठिन है वफ़ा की डगर, तो क्या कीजे
न हमसफ़र न कोई राहबर, तो क्या कीजे

नहीं है अपना ख़ुदा मओतबर[1], तो क्या कीजे
दुआएँ हो गईं सब बेअसर, तो क्या कीजे

रह–ए–वफ़ा है बड़ी पुरख़तर[2], तो क्या कीजे
मिले न उनसे मेरी रहगुज़र[3], तो क्या कीजे

हो कायनात[4] ही ज़ेर–ए–असर[5], तो क्या कीजे
हर एक शै में वो आयें नज़र, तो क्या कीजे

दिल–ए–तबाह की ख़ुशफ़हमियाँ[6] वही 'मीता'
जफ़ा ही करना हो उनका हुनर, तो क्या कीजे

---

1. सम्मानित, 2. ख़तरों से भरी हुई, 3. रास्ता, 4. सृष्टि, 5. असर तले, 6. अच्छा भ्रम।

30

बरसेंगी आज रहमतें[1], आमद है यार की
नायाब हैं ये घड़ियाँ तेरे इन्तज़ार की

बख़्शी ख़िज़ाँ ने नेमतें मुझको यूँ प्यार की
दिल में नहीं है दूर तक चाहत बहार की

उसकी ही याद, उसका तसव्वुर[2] तमाम शब
क़ासिद[3] ख़बर न लाया कोई मेरे यार की

ऐ इन्तज़ार–ए–यार तुझे कुछ पता भी है
मेरे तसव्वुरात में दौलत है प्यार की

1. मेहरबानियाँ, 2. कल्पना, 3. सन्देशवाहक।

31

ये क्या सोचना क्या कहाँ खो दिया है
वो क्या खो गये इक जहाँ खो दिया है

वो जिसके तहफ़्फ़ुज़[1] से तू पुरसुकूँ[2] था
ऐ दिल वो मुहाफ़िज़[3] कहाँ खो दिया है

छुपाये थे दिल में कई राज़ दिल के
मोहब्बत हुई, राज़दाँ[4] खो दिया है

वो जब हमक़दम था, तो सब हमसफ़र थे
के साथी नहीं, कारवाँ खो दिया है

सुझाया था रस्ता अँधेरों में जिसने
न जाने वो रहबर कहाँ खो दिया है

ये क्या दौर आया के इन्सानियत ने
मोहब्बत का नाम–ओ–निशाँ खो दिया है

---

1. सुरक्षा, 2. शान्त, 3. रक्षक, 4. विश्वासपात्र।

32

हाँ वही लम्हे जिन्हें प्यार ने महकाया है
उन्हीं लम्हों के सिवा क्या मेरा सरमाया[1] है

इश्क़ मासूम है, गुस्ताख़[2] नहीं है हमदम
तुझको फिर तेरे नज़रियात[3] ने बहकाया है

बाद मुद्दत भी ये दावा है के तेरे दिल पर
मेरे मयार–ए–मोहब्बत[4] का नशा छाया है

उसको दफ़्ना भी दिया और भुलाई हर याद
फिर भी माज़ी[5] का मेरे हाल[6] पे क्यों साया है

अक़्ल कहती है के तू मेरा न हो पाया कभी
और ख़ुशफ़हमी–ए–दिल मैंने तुझे पाया है

---

1. पूँजी, 2. बदतमीज़, 3. दृष्टिकोण, 4. प्यार का दर्जा, 5. अतीत, 6. आज।

33

मिले क़तरा–क़तरा ये क्या ज़िन्दगी है
ऐ दरिया–ए–रहमत वही तश्नगी[1] है

अज़ल से मेरी तुझसे वाबस्तगी[2] है
तेरी बन्दगी[3] ही मेरी ज़िन्दगी है

तुझे मैंने पा तो लिया मेरे हमदम
मगर दिल ये कहता है तू अजनबी है

अधूरी वफ़ाओं से उम्मीद रखना
हमारे भी दिल की अजब सादगी है

बसी मेरी साँसों में है तेरी ख़ुशबू
वही आगही[4] है के जो बेख़ुदी है

---

1. प्यास, 2. जान–पहचान, 3. पूजा, 4. ज्ञान।

34

हज़ारों मंज़िलें फिर भी मेरी मंज़िल है तू ही तू
मोहब्बत के सफ़र का आख़री हासिल है तू ही तू

मुझे मालूम है अंजाम क्या होगा मोहब्बत का
मसीहा तू ही तू है और मेरा क़ातिल है तू ही तू

बला से कितने ही तूफ़ाँ उठें बहर–ए–मोहब्बत में
हर इक धड़कन ये कहती है मेरा साहिल[1] है तू ही तू

किया अफ़्शा मोहब्बत को मेरी बेबाक़ नज़रों ने
ज़माने को ख़बर है, मुझसे बस ग़ाफ़िल[2] है तू ही तू

तेरे बख़्शे हुए रंगों से है पुरनूर हर मंज़र
यक़ीनन बहर–ओ–बर[3] की रूह में शामिल है तू ही तू

तुझी से गुफ़्तगू हरदम तेरी ही जुस्तजू हरदम
मेरी आसानियाँ तुझसे, मेरी मुश्क़िल है तू ही तू

जिधर जाऊँ जिधर देखूँ तेरे क़िस्से तेरी बातें
सरे–महफ़िल[4] है तू ही तू, पसे–महमिल[5] है तू ही तू

---

1. किनारा, 2. बेख़बर, 3. समुद्र और धरती, 4. महफ़िल के सामने, 5. 'कजावा के पीछे'।

35

ज़रा मान जा, न मुझे सता, मेरे माहिया
ये नक़ाब–ए–रुख़ तो कभी उठा, मेरे माहिया

मेरी धड़कनों की है तू सदा मेरे माहिया
मेरी ज़िन्दगी है तेरी अता[1] मेरे माहिया

तेरे इश्क़ में, तेरे इश्क़ में, तेरे इश्क़ में
नहीं दीन–ओ–दुनिया से वास्ता मेरे माहिया

वही इश्क़ हूँ, कभी 'क़ैस' तो कहीं 'राँझना'
मैं फ़ना भी हो के नहीं फ़ना[2] मेरे माहिया

---

1. प्रदान करना, 2. बर्बाद।

36

एक रात (नज़्म)

यादों का इक हुजूम[1] था, तन्हा नहीं थी मेरी ज़ात
ख़ुदकलामी[2] में हुई तमाम शब उन्हीं से बात

तारों की ठण्डी छाँव में था माहताब[3] हमक़दम
ऐसा लगा कि खो गई मैं आज कायनात में

यूँ गुफ़्तगू शुरू हुई, किस हाल में हो आजकल
मैंने कहा मिले हुए ख़ुद से ज़माना हो गया

उस आगही की रात में थी बेख़ुदी ही बेख़ुदी
फिर तो लबों ने वो कहा जो आज तक न कह सकी

वो चाँद जब तुलु[4] हुआ तो चाँदनी बिखर गई
वो मेरा हमसफ़र हुआ तो शख़्सियत निखर गई

ये कुर्बतों की रात है, ये चाहतों की रात है
न कुछ कहा, न कुछ सुना, पा दिल से दिल की बात है

ये कुर्बतों की रात है ये रात फिर न आयेगी
यारब तवील[5] कर ज़रा इस रात की हर इक घड़ी

---

1. भीड़, 2. अपने साथ बात करना, 3. चाँद, 4. उगना, 5. लम्बा।

37

मेरे महबूब तेरे प्यार पे मेरा हक़ है (नज़्म)

मेरे महबूब तेरे प्यार पे मेरा हक़ है
तेरी परवाज़[1] की हद का तो पता है मुझको
अर्श छूने की मेरी जान तमन्ना है तुझे
तू समझता है मोहब्बत को क़फ़स[2] की सूरत
या मोहब्बत को महज़ एक भरम मानता है

वो भी दिन थे के मोहब्बत ही थी मंज़िल तेरी
सिर्फ़ मैं ही थी तेरे वास्ते राह–ए–मंज़िल
तेरी माँगी हुई हर एक दुआ की तासीर[3]
कौन है मेरे सिवा तेरी दरक्षाँ[4] तक़दीर?

तेरी आँखों ने जो देखे थे कभी ख़्वाब हसीं
जब शिकस्ता[5] हुए मंज़िल से तुझे दूर किया
तुझको अपनों ने के हालात ने जो ज़ख़्म दिये
तेरे ख़्वाबों ने उन्हीं ज़ख़्मों को नासूर किया
और फिर तेरे ख़यालात बदलते ही गये
तेरे जज़्बात ज़र–ओ–सीम में ढलते ही गये

---

1. उड़ान, 2. पिंजरा, 3. असर, 4. चमकती हुई, 5. टूटी हुई।

सच कहूँ जिनको समझता रहा तू जाँ से अज़ीज़[1]
उन अज़ीज़ों ने बना डाला है पत्थर तुझको

फिर भी ऐ जान–ए–नफ़स एक दफ़ा सुन तो ज़रा
सिर्फ़ इक बार सही साथ मेरे चल तो ज़रा
चन्द लम्हों के लिए गुज़रे ज़माने में उतर
जब तू हर साँस मोहब्बत के लिए जीता था
जितने मौसम थे महकते थे तमन्ना के गुलाब
हर शब–ए–वस्ल[2] पहनती थी क़बा–ए–महताब[3]
गो कई लम्हे मोहब्बत के मुआफ़िक़[4] भी न थे
हम पे अल्लाह की हर वक़्त निगहबानी[5] थी
कैसे तू भूल गया आज वो मंज़र सारे?

बारहा[6] सोचा है वो दौर कभी आयेगा
जब सुकूँ पायेगा तू आ के मेरी बाँहों में
आज भी पलकें बिछाए हूँ तेरी राहों में
क्या तुझे मेरी मोहब्बत पे यक़ीं है अब भी?

हाँ मैं वाक़िफ़ हूँ तेरे ज़हन की हर उलझन से
तू मुसाफ़िर है अभी तक उसी दोराहे का
फ़ैसला करना भी आसान नहीं है हमदम
इक तरफ़ राह–ए–वफ़ा एक तरफ़ तेरा जुनूँ

क्या तुझे याद है जाना तेरी मंज़िल क्या है?
हासिल–ए–ज़ीस्त है क्या इश्क़ का हासिल क्या है?

---

1. प्रिय, 2. मिलन की रात, 3. चाँद की रौशनी से बना पैराहन, 4. अनुकूल, 5. देखभाल, 6. बार–बार।

मुझको बस इतना ही कहना है ज़रा ग़ौर से सुन
प्यार की राह से होकर ही मिलेगी मंज़िल
मैं अज़ल[1] से हूँ तेरे वास्ते ऐ जाने–जहाँ
मेरी धड़कन मेरी हर साँस पे तेरा हक़ है
चाहे तू मान के मत मान हक़ीक़त है यही
मेरे महबूब तेरे प्यार पे मेरा हक़ है

1. अनादि काल।

38

प्यार करूँ या न करूँ (नज़्म)

हाँ मुझे याद है मैंने ही कहा था तुझसे
मेरे महबूब तेरे प्यार पे मेरा हक़ हैं
अब ये आलम है के दिल पूछ रहा है तुझसे
ऐ मेरी जान तुझे प्यार करूँ या न करूँ?

मैं तुझे प्यार करूँ भी तो बता कैसे करूँ?
तेरी पहचान करूँ भी तो बता कैसे करूँ?
गुफ़्तगू शीरी[1] न लहजे में कशिश पहली सी
दिल में धड़कन न बदन में वो हरारत[2] बाक़ी
क्या वही तू है जिसे टूट के चाहा मैंने?
कौन था वो के जिसे प्यार किया था मैंने?

वो भी दिन थे के बिछड़ने का तसव्वुर भी न था
रास्ते तेरे मेरी राह से आ मिलते थे
हमसफ़र तू था मगर साथ चला है माज़ी
तेरी यादें हैं मेरे साथ कि ज़िन्दा लाशें
राख होता ही गया अपनी मोहब्बत का वुजूद
क्या इसी राख में चिंगारी दबी है कोई?

---

1. मीठा, 2. गर्मी।

इन सवालात के शोलों में न जल जाऊँ कहीं
बस इसी सोच के हमराह मैं चल देती थी
कुछ क़दम चल के वहीं लौट के आ जाती थी
फिर उसी माज़ी के दरिया में समा जाती थी

सिलसिला चलता रहा एक ज़माने से यही
न कोई राह न मंज़िल न ठिकाना कोई

आख़िरश टूट गया प्यार की अज़्मत[1] का भरम
सामना सच से हुआ सच ने सवालात किये
जब मोहब्बत ही नहीं हक़ की तमन्ना क्यों हो?
क्यों तबीयत को सराबों[2] का तलबगार[3] करूँ ?
ख़ूब मालूम है दिल को के ख़ता किसकी है
क्यों यक़ीं तुझ पे करूँ ख़ुद को गुनहगार करूँ ?

एक ख़्वाहिश है कि वो दुनिया मैं तख़लीक़[4] करूँ
दिल धड़कते हों जहाँ रूह जहाँ ज़िन्दा हो
ज़र्रे–ज़र्रे से मोहब्बत हो नुमायाँ[5] जिस जा
दास्ताँ दिल की बयाँ करने को आँखें हों ज़बाँ

प्यार की दुनिया से वाक़िफ़ तो नहीं तू लेकिन
जाने क्यों आज मुझे तेरा ख़याल आया है
बेसबब तुझसे जो रिश्ता है उसी की ख़ातिर
मेरे होंठों पे मेरे दिल का सवाल आया है
ऐ मेरी जान तुझे प्यार करूँ या न करूँ?

---

1. प्रतिष्ठा, 2. भ्रम, 3. चाहने वाला, 4. सृष्टि, 5. प्रकट।

39

तलाश (नज़्म)

तलाश मेरी नज़र को है फिर उसी पल की
वो एक पल जिसे सदियाँ तलाश करती हैं

हर एक सिम्त जहाँ ख़ुश्बुओं का डेरा है
वो एक लम्हा जिसे चाहतों ने घेरा है
वो लम्हा जिसमें है ऐलान दिल के होने का
वो लम्हा जिसमें नहीं ख़ौफ़ ख़ुद को खोने का

तुझे भी याद तो होगा वो मेहरबाँ लम्हा!

तेरी निगाह ने जिस पल गले लगाया था
उसी निगाह ने सपना हसीं दिखाया था
उसी निगाह से मंज़र जो मैंने देखे थे
उसी निगाह में उस पल ख़ुदा को पाया था
अजीब जादुई लम्हे में क़ैद थे हम–तुम
वुजूद अपने पिघल के जहाँ पे एक हुए
जो तेरा दर्द था मेरा हुआ उसी पल में
जो मेरा ग़म था वो तेरा हुआ उसी पल में

ठहर गया था वहीं मेरी ज़िन्दगी का सफ़र
कुछ इस तरह से अभी वक़्त है वहीं ठहरा
के जैसे वक़्त भी हो मुन्तज़िर उसी पल का!

वो पल तो आयेगा मुझको यक़ीन–ए–कामिल[1] है
वो पल जो प्यार की रानाईओं[2] का हासिल है
वो पल जो मेरा मसीहा है और क़ातिल है
फिर एक बार वही नूर बन के आयेगा!!

तलाश मेरी नज़र को है फिर उसी पल की
जो अब के आया तो फिर लौट के न जायेगा...

1. पूरा विश्वास, 2. ख़ूबसूरतियों।

40

कलियाँ महक रही हैं, क्या आ रहा है कोई
चिड़ियाँ चहक रही हैं, क्या आ रहा है कोई
हर सिम्त रौशनी है, हर शै हुई दरख़्शाँ
यादें दहक रही हैं, क्या आ रहा है कोई

41

दरमियाँ कोई फ़ासला भी नहीं
मेरी चाहत वो जानता भी नहीं

दिल धड़कने का सिलसिला भी नहीं
और मुद्दत से कुछ कहा भी नहीं

तुमने जो कुछ सुना, सुना भी नहीं
मैंने जो कुछ कहा, कहा भी नहीं

ज़िन्दगी से कोई गिला भी नहीं
और जीने का हौसला भी नहीं

हर तरफ़ क्यों उसी का चर्चा है
हाय वो शख़्स जो मिला भी नहीं

वक़्त देखो कहाँ पे ले आया
अब यहाँ कोई रास्ता भी नहीं

42

तज्दीदे–ज़िन्दगी[1] के इशारे हुए तो हैं
कुछ पल सही वो आज हमारे हुए तो हैं

माना नसीब हो न सका कोई आफ़ताब[2]
रातों में मेरी चाँद–सितारे हुए तो हैं

बेशक हक़ीक़तों से बहुत दूर हैं मगर
बेशक यही सराब सहारे हुए तो हैं

छूटा नहीं है दामन–ए–उम्मीद अब तलक
हम भी ऐ दोस्त वक़्त के मारे हुए तो हैं

ये और बात हम ही न महज़ूज़[3] हो सके
खुश–रंग ज़िन्दगी के नज़ारे हुए तो हैं

---

1. ज़िन्दगी में नयापन, 2. सूरज, 3. खुश।

43

वफ़ा की शान वो लेकिन कभी मिरे न हुए
हैं मेरी जान वो लेकिन कभी मिरे न हुए

उन्हीं का ज़िक्र ग़ज़ल भी वही, फ़साना भी
सुख़न[1] की आन वो लेकिन कभी मिरे न हुए

नशा है उनकी सदा[2] का कि धड़कनें मेरी
रहा गुमान[3] वो लेकिन कभी मिरे न हुए

गुलों में रंग उन्हीं से महक–महक उनसे
चमन की शान वो लेकिन कभी मिरे न हुए

वही हैं शम्स–ओ–क़मर[4] बहर–ओ–बर[5] मिरे 'मीता'
हैं इक जहान वो लेकिन कभी मिरे न हुए

---

1. शायरी, 2. पुकार, 3. वहम, 4. सूरज और चाँद, 5. समन्दर और धरती।

44

तलाक़ (नज़्म)

ये क्या दस्तूर–ए–दुनिया है, ये कैसी नारसाई है
के मेरी ज़िन्दगी के फ़ैसले मेरे नहीं होते

वो लम्हा और ही पैग़ाम लाया था मोहब्बत का
के जब उसने कहा मुझसे बता तेरी रज़ा क्या है
शरीक–ए–ज़िन्दगी उसको बनाया था उसी पल में
के तब चाहत ज़रूरी थी मेरी मर्ज़ी ज़रूरी थी
मेरी क़िस्मत का वो लम्हा मुकम्मल इक लम्हा था

मगर जब वक़्त गुज़रा तो समझ आया के सपना था
मुकम्मल ख़ुद–फ़रेबी थी कहाँ वो मेरा अपना था

न था कागज़ पे जो तहरीर वो रिश्ता निभाया है
गुमाँ होता है मानो सिर्फ़ इक रिश्ते का साया है
उसी का फ़ैसला है अब रज़ामन्दी उसी की है
मिरी ही ज़िन्दगी का फ़ैसला मुझसे पराया है

इश्क़

45

क्या मैं इक हर्फ़ था लिखा यूँ ही
मेरा होना भी बस हुआ यूँ ही

जानती हूँ के तुमको प्यार नहीं
यूँ ही मुझको लगा, लगा यूँ ही

इक ख़ुदा की वो बात करता था
और फिर हो गया ख़ुदा यूँ ही

क्या पता कब क़ुबूल हो जाये
तू भी तो माँग ले दुआ यूँ ही

एक ख़द्शा है बहके क़दमों से
ढूँढ़ ही लें न रास्ता यूँ ही

वो हमारे थे और हम उनके
आ गई दरमियाँ अना यूँ ही

तुमने जो कुछ कहा, कहा यूँ ही
मैंने भी जो सुना, सुना यूँ ही

एक लम्हे में दिल हुआ उनका
हो गया था ये फ़ैसला यूँ ही

क्या ज़रूरी है मंज़िलों का सफ़र
तू भी चल कोई रास्ता यूँ ही

मुख़्तसर–सी है दास्ताँ मीता
हर कोई बस जिया, जिया यूँ ही

46

सुन के हर सिम्त सिसकियाँ मैंने
बन्द कर ली थीं खिड़कियाँ मैंने

ख़ूब दस्तूर है मोहब्बत का
हारकर जीती बाज़ियाँ मैंने

हाथ उठते नहीं दुआ के लिए
अब जला दी हैं अर्ज़ियाँ मैंने

हमसफ़र वो, जो हमसफ़र ही न था
और फिर कर लीं दूरियाँ मैंने

पर कतर पायी जब न ख़्वाबों के
बन्द ही कर दीं खिड़कियाँ मैंने

47

मोहब्बत मेहरबाँ तेरी न मेरी
मुकम्मल[1] दास्ताँ तेरी न मेरी

गँवा दी उम्र जिसको जीतने में
वो दुनिया मेरी जाँ तेरी न मेरी

ख़ुदा जाने है किसका दर्द कितना
ये साँझी सिसकियाँ तेरी न मेरी

हैं नाइन्साफियाँ हर सिम्त लेकिन
खुली अब तक ज़बाँ तेरी न मेरी

बचा है और न कोई बच सकेगा
ग़मों की आँधियाँ तेरी न मेरी

तू जितना भी उन्हें अपना समझ ले
सियासी[2] हस्तियाँ तेरी न मेरी

---

1. पूरा, 2. राजनीतिक।

सहाफ़त[1] को ख़रीदा अहले–ज़र[2] ने
रही अब सुर्ख़ियाँ[3] तेरी न मेरी

अदाकारी[4], रियाकारी[5], दिखावा
हक़ीक़त की ज़बाँ तेरी न मेरी

---

1. पत्रकारिता, 2. अमीर लोग, 3. ख़ास ख़बरें, 4. अभिनय, 5. दिखावा / ढोंग।

48

बन गये दिल के फ़साने क्या–क्या
खुल गये राज़ न जाने क्या–क्या

कौन था मेरे अलावा उसका
उसने ढूँढ़े थे ठिकाने क्या–क्या

रहमत–ए–इश्क़ ने बख़्शे मुझको
उसकी यादों के ख़ज़ाने क्या–क्या

आज रह–रह के मुझे याद आये
उसके अन्दाज़ पुराने क्या क्या

रक़्स करती हुई यादें उसकी
आज दिल गाये तराने क्या–क्या

तेरा अन्दाज़ निराला सबसे
तीर तो एक निशाने क्या–क्या

आरज़ू मेरी वही है लेकिन
उसको आते हैं बहाने क्या–क्या

राज़–ए–दिल लाख छुपाया लेकिन
कह दिया उसकी अदा ने क्या–क्या

दिल ने तो दिल ही की मानी 'मीता'
अक़्ल देती रही ताने क्या–क्या

49

मौत के पहलू ज़िन्दगानी है
तेरी दुनियाँ सरा–ए–फ़ानी[1] है

वस्ल–ओ–फ़ुर्क़त[2] का कोई ज़िक्र नहीं
इक अजब मोड़ पर कहानी है

आज जो है वो कल नहीं होगा
हाँ यही वक़्त की रवानी है

बहके लम्हों की जो भी यादें हैं
अब वो हर याद भूल जानी है

पहली तो इख़्तिताम[3] तक पहुँची
अब बनानी नयी कहानी है

---

1. नाशवान दुनिया, 2. मिलना और बिछड़ना, 3. अन्त।

50

रहे–वफ़ा में क़दम–क़दम पे अज़ाब देखे
वही तो आँखों में चुभ रहे हैं जो ख़्वाब देखे
समझ न पाये के इस जहाँ में है कौन अपना?
हर एक चेहरे पे हमने 'मीता' नक़ाब देखे

51

आशना दिल को जलाने आये
तेरे क़िस्से ही सुनाने आये

दिल ही दिल में हैं पशेमाँ दोनों
कौन अब किसको मनाने आये

कुछ तो मिलने की हो सूरत पैदा
तर्क–ए–तआलुक़ के बहाने आये

इक तमन्ना है अब के मैं रूठूँ
और वो मुझको मनाने आये

मेरी नींदों में वो शामिल होकर
मुझको मुझसे ही चुराने आये

फिर फ़ज़ा उसके बदन–सी महकी
फिर बहारों के ज़माने आये

52

ज़माने का चलन ऐसा है यारो
यहाँ पहला ख़ुदा पैसा है यारो

नक़ाबों से परे देखा तो जाना
हर इक चेहरा मिरे जैसा है यारो

वही दुश्मन हुए जो आशना थे
न जाने दौर ये कैसा है यारो

मुकम्मल है ख़ुदा की ज़ात वरना
कोई ऐसा कोई वैसा है यारो

53

दुआ है और न कोई बद्दुआ है
ये दुनिया तो महज़ इक हादिसा[1] है

तुम्हारे सामने जो आईना है
यक़ीं जानो वही तो आशना[2] है

जो कहना था वो हमने कह दिया है
बतायें आप का क्या फ़ैसला है

अजब दुनिया है इन्सानों की दुनिया
जहाँ इन्सानियत ही गुमशुदा है

तसव्वुर बारहा पहुँचा वहीं पर
ज़मीर[3] अक्सर[4] जहाँ पर रोकता है

यही सच्चाई है हर एक सच की
जो सच लगता है बस इक ज़ाविया[5] है

---

1. दुर्घटना, 2. परिचित, 3. अन्तःकरण/विवेक, 4. कई बार, 5. नज़रिया।

54

कोई धड़कन न रवानी न कहानी बदले
दिल की राहों में फ़क़त[1] चेहरे बदल जाते हैं

कोई बाज़ीचा–ए–अतफ़ाल[2] नहीं राह–ए–वफ़ा
ये तो आशिक़ हैं जो गिर–गिर के सँभल जाते हैं

सच तो ये है के मोहब्बत का ख़ुदा भी क़ायल[3]
ये वो आतिश[4] है के पत्थर भी पिघल जाते हैं

जब के बर्फ़ाब[5] हुई झील तमन्नाओं की
क्यों तेरे नाम पे ये अश्क़ पिघल जाते हैं?

---

1. सिर्फ़, 2. बच्चों का खेल, 3. मानने वाला, 4. आग, 5. जमी हुई।

55

लब पे आती नहीं दुआ कोई
क्या हमारा नहीं ख़ुदा कोई?

मुझसे रौशन हैं महर–ओ–माह[1], अंजुम[2]
मैं नहीं राह का दिया कोई

ज़िन्दगी मेरी सिर्फ़ तुमसे है
किस तरह ख़ुद से हो जुदा कोई

तू मुहाफ़िज़[3] है दोनों आलम का
पर हिफ़ाज़त[4] से कब जिया कोई?

1. सूरज और चाँद, 2. सितारे, 3. रक्षक, 4. सुरक्षा।

56

न तो ख़ौफ़ रोज़–ए–जज़ा[1] का हो, वही इश्क़ है
न मलाल[2] रद्दे–दुआ[3] का हो, वही इश्क़ है

मैं हूँ आईना, तेरा अक्स[4] है, मेरी रूह में
कोई दायरा[5] न अना का हो, वही इश्क़ है

नहीं आरज़ू, मेरी आरज़ू को सुने ख़ुदा
असर आरज़ू में बला का हो, वही इश्क़ है

न हों ख़्वाहिशें न गिला कोई, न जफ़ा कोई
न सवाल अहद–ए–वफ़ा[6] का हो, वही इश्क़ है

---

1. करमों के हिसाब का दिन, 2. अफ़सोस, 3. प्रार्थना का अस्वीकार होना, 4. प्रतिबिम्ब, 5. परिधि, 6. वफ़ा का वादा।

मैं बहुत ख़ुशक़िस्मत हूँ कि शान्ति जी, जो कि बेगम अख़्तर साहिबा की ताबिन्दा शागिर्द रही हैं, उन्होंने मेरा कलाम पसन्द किया और उन्हें मौज़ूँ रागों में बाँधकर गाया। बेगम अख़्तर के अन्दाज़ और शान्ति जी की आवाज़ और अदायगी ने मेरी ग़ज़लों को लाफ़ानी बना दिया।

शान्ति जी के साथ, मेरी ग़ज़लों पर आधारित एलबम बनने के दौरान, कई मौक़े आये जबकि तवील बातचीत का सिलसिला–सा बन गया।

पद्मश्री शान्ति हीरानन्द जी और मेरी ग़ज़लें...

इन सिलसिलों में सबसे अहम थी उस दौर की बातें जबकि शान्ति जी सारा वक़्त 'अम्मी' के साथ बिताती थीं।

और इन्हीं सिलसिलों का अंजाम थी, इक नज़्म, जिसका उन्वान है 'अम्मी और मैं', जिसमें अल्फ़ाज़ व शायरी का अन्दाज़ मेरा है और जज़्बात–ओ–ख़यालात शान्ति जी के...उनकी अम्मी की जानिब मैं शुक्रगुज़ार हूँ शान्ति जी की, कि उन्होंने मुझे इतना वक़्त दिया, मुझसे अम्मी के साथ गुज़ारा वक़्त साझा किया और मुझे ये नज़्म कहने की इजाज़त दी।

57

अम्मी और मैं (नज़्म)

तुम्हारा अक्स हूँ पहचान मेरी सिर्फ़ तुमसे है

तुम्हीं हो आशना मेरी, तुम्हीं हो रहनुमा मेरी
सुरों के हर सफ़र में हमसफ़र हो बस तुम्हीं अम्मी
तुम्हारी ही दुआओं से तरन्नुम है फ़ज़ाओं में
तुम्हारी ही छवि है हर ग़ज़ल की रूह में अम्मी

हाँ अब तक याद हैं मुझको ज़माने उन बहारों के
जो हमने साथ देखे थे उन्हीं दिलकश नज़ारों के
खुले जब आँख तो सिगरेट जलाना और मुस्काना
कभी तो हमनज़र होना, कभी सोचों का टकराना
तुम्हारे मुस्कराने से फ़िज़ाँ में फूल खिलते थे
ख़फ़ा होतीं तो जैसे एक बिजली कौंध जाती थी
अनोखा प्यार का रिश्ता हमेशा ही रहा क़ायम
ख़फ़ा होकर न तुम सोतीं न मुझको नींद आती थी

तुम्हारी शोख़ नज़रों की झलक मेरी निगाहों में
विरासत में मिले हैं सुर तुम्हीं से सुर की राहों में

बहुत मख़्सूस[1] रिश्ता है बहुत गहरी मोहब्बत है
सदाक़त ही सदाक़त[2] है, मोहब्बत ही मोहब्बत है

नहीं चाहा मेरी पहचान तुमसे हो अलग अम्मी
तुम्हीं आवाज़ हो, संगीत हो, मेरी ग़ज़ल तुम ही

मेरी जानिब[3] इशारा कर के अक्सर तुम न कहती थीं
"मैं अपने बाद भी आवाज़ अपनी छोड़ जाऊँगी
गुलुकारी[4] का ये अन्दाज़ अपना छोड़ जाऊँगी"

उसी दावे को वादा जान कर मैंने निभाया है
कई ऐज़ाज़[5] पाये हैं, बहुत–सा प्यार पाया है

तुम्हीं मेरी इबादत[6] हो सुरों की शान तुमसे है
तुम्हारा अक्स मुझमें है, मेरी पहचान तुम से है

---

1. ख़ास, 2. सच्चाई, 3. तरफ़, 4. गाना, 5. सम्मान, 6. पूजा।

58

दस्तक (नज़्म)

मेरे हमराज़[1] मेरे दिल ये बता दे मुझको
जुस्तजू क्या है तेरी और जुनूँ है कैसा?
दर–ब–दर एक ज़माने से भटकता क्यों है?
तुझको मालूम भी है तेरी तमन्ना क्या है

चाहता क्या है, तुझे कोई ख़बर है के नहीं?
जुस्तजू है तो बता कोई डगर है के नहीं?
तेरी तन्हाइयाँ, बेचैनियाँ अब तक क़ायम[2]
बेअसर, तेरी रियाज़त[3] में असर है कि नहीं?

बारहा सोचा है आईना दिखाऊँ तुझको
ख़्वाब–ए–ग़फ़लत[4] से तो इक बार जगाऊँ तुझको
तुझको समझाऊँ मेरी जाँ कि मनाऊँ तुझको?
ज़िन्दगी ने जो सिखाया है सिखाऊँ तुझको

सिर्फ़ तू इतना बता लफ़्ज़–ए–मोहब्बत क्या है?
तेरे नज़दीक मोहब्बत की हक़ीक़त क्या है?
तेरी अज़्मत तेरे जज़्बात की क़ीमत क्या है?

---

1. विश्वासपात्र, 2. टिका हुआ, 3. अभ्यास, 4. लापरवाही की कैफ़ियत।

आज फ़ुर्सत है किसे बात जो दिल की समझे
दिल–ए–नादाँ ये बता तेरी ज़रूरत क्या है?

हाँ मैं तुझसे हूँ मुख़ातिब ऐ मेरे दिल सुन ले
तेरी नादानियाँ आ पहुँचीं हदों की हद तक
इस दफ़ा भी न समझ पाया अगर तू ऐ दिल
मेरी दस्तक कहीं बन जाये न गूँगी दस्तक!!

59

इक न इक रोज़ तेरी बज़्म[1] से जाना होगा
फिर ख़ुदा जाने कहाँ अपना ठिकाना होगा

हम फ़ना होके मोहब्बत को वो बख़्शेंगे उरूज[2]
सब के होंठों पे हमारा ही फ़साना होगा

हम वो राही के मुसाफ़त[3] है हमारी मंज़िल
जो भी दरपेश[4] सफ़र होगा सुहाना होगा

---

1. सभा/महफ़िल, 2. बुलन्दी, 3. सफ़र, 4. सामने।

60

यक़ीनन ज़िन्दगी हमसे मोहब्बत भी निभायेगी
अँधेरा है तो कैसा ग़म, सहर तो मुस्करायेगी

समन[1] फिर से खिलेंगे प्यार के सहरायों[2] के दिल में
महक उश्शाक़[3] के साँसों की हर गुल[4] में समायेगी

तुम्हें चाहा, तुम्हें पूजा, तुम्हें पाया, तुम्हें खोया
ख़ुदा की क्या रज़ा है, ज़िन्दगी अब क्या दिखायेगी

तेरी जन्नत को ठुकराकर चला आया जो दुनिया में
ख़ुदाई प्यार करने से उसे क्या रोक पायेगी

---

1. फूल, 2. जंगल, 3. इश्क़ करने वाले, 4. फूल।

मुंतख़ब अशआर

ज़िन्दगी अपना सफ़र तय तो करेगी लेकिन
हमसफ़र आप जो होते तो मज़ा और ही था

काबा–ओ–दैर में अब ढूँढ़ रही है दुनिया
जो दिल–ओ–जान में बसता था ख़ुदा और ही था

आज़ाद हो चुकी हूँ हर इक सिलसिले से मैं
ले जाये अब कहीं भी हवाओं का सिलसिला

अजनबी–अजनबी से चेहरे हैं
ये नहीं है मिरा नगर शायद

नींद तारी है आसमानों पर
या दुआ में नहीं असर शायद

ये आरजू है कि अब कोई आरज़ू न रहे
किसी सफ़र किसी मंज़िल की जुस्तजू न रहे

बताओ उनकी इबादत क़बूल क्या होगी
नमाज़–ए–इश्क़ में जो लोग बा–वुज़ू न रहे

हाँ तेरा इन्तज़ार है अब तक
मुझमें इक जाँनिसार है अब तक

जो हसीं ज़ीस्त की तस्वीर दिखाई सब ने
इक कहानी थी, सुनी, और सुनाई सब ने

जो पारसा हैं उन्हीं से सवाल है मेरा
बताओ कौन यहाँ पर गुनहगार नहीं

उसकी यादों ने फिर से दस्तक दी
ख़ूब मौसम ने चाल खेली है

सुबह–ए–रौशन को अँधेरों से भरी शाम न दे
दिल के रिश्ते को मेरी जान कोई नाम न दे

आसमाँ देने का ऐ दोस्त दिखावा मत कर
मुझको उड़ने की इजाज़त तू तह–ए–दामन दे

दो किनारों को मिलाया था फ़क़त लहरों ने
हम अगर उसके न थे वो भी हमारा कब था

उसने मेरी ही रफ़ाक़त को बनाया मुल्ज़िम
मैं अगर भीड़ में थी वो भी अकेला कब था

तेरी यादों से महका है मेरी तन्हाई का आलम
क़यामत तक इन्हीं तन्हाइयों में डूबना चाहूँ

हमने हज़ार फ़ासले जीकर तमाम शब
इक मुख़्तसर–सी रात को मुद्दत बना दिया

मोहब्बत उम्रभर की रायगाँ करना नहीं अच्छा
सँभल ऐ दिल, अना को आसमाँ करना नहीं अच्छा

कब ज़मीं पे वो पाँव रखते हैं
रास आया जिन्हें 'ख़ुदा' होना

अजनबी हैं जो राह–ए–उल्फ़त से
क्या समझ पायेंगे फ़ना होना

गुज़र ही जायेंगे तेरे फ़िराक़ के मौसम
हर इन्तज़ार के आगे भी हैं मक़ाम कई

हर इक मंज़र के पस–मंज़र में तेरा ही करिश्मा है
यक़ीनन ख़ालिक़–ए–कुन तू तो आँखों से निहाँ क्यों है?

तुझी को है मयस्सर हर बुराई का दमन करना
तो नाइन्साफ़ियों के दौर में तू बेज़ुबाँ क्यों है?

इस तरह ख़ुद से मोहब्बत की है
गोया दुनिया से बग़ावत की है

शिद्दते–शौक़ के अफ़साने तो हो जाते हैं
फिर न जाने वही आशिक़ कहाँ खो जाते हैं

दर्द जब ज़ब्त की हर हद से गुज़र जाता है
ख़्वाब तन्हाई की आग़ोश में सो जाते हैं

हम तो पाबन्द–ए–वफ़ा पहले भी थे आज भी हैं
आप ही फ़ासले ले आये तो लो, जाते हैं

रक़ीब–ए–जाँ नज़र का नूर हो जाये तो क्या कीजे
ज़ियाँ दिल को अगर मंज़ूर हो जाये तो क्या कीजे

ख़ुदा को इतना चाहूँ तो ख़ुदा हो जायेगा राज़ी
मगर वो और भी मग़रूर हो जाये तो क्या कीजे

मेरी बातों को क्यों गिला समझे
क्या कहा मैंने आप क्या समझे

ज़िन्दगी की उदास राहों पर
हम थे ख़ामोश वो ख़फ़ा समझे

मिले क़तरा–क़तरा ये क्या ज़िन्दगी है
ऐ दरिया–ए–रहमत वही तश्नगी है

अधूरी वफ़ाओं से उम्मीद रखना
हमारे भी दिल की अजब सादगी है

हज़ारों मंज़िलें फिर भी मेरी मंज़िल है तू ही तू
मोहब्बत के सफ़र का आख़री हासिल है तू ही तू

वही इश्क़ हूँ, कभी 'क़ैस' तो कहीं 'राँझना'
मैं फ़ना भी हो के नहीं फ़ना मेरे माहिया

तज्दीदे–ज़िन्दगी के इशारे हुए तो हैं
कुछ पल सही वो आज हमारे हुए तो हैं

माना नसीब हो न सका कोई आफ़ताब
रातों में मेरी चाँद–सितारे हुए तो हैं

क्या मैं इक हर्फ़ था लिखा यूँ ही
मेरा होना भी बस हुआ यूँ ही

इक ख़ुदा की वो बात करता था
और फिर हो गया ख़ुदा यूँ ही

एक ख़द्शा है बहके क़दमों से
ढूँढ़ ही लें न रास्ता यूँ ही

तुमने जो कुछ कहा, कहा यूँ ही
मैंने भी जो सुना, सुना यूँ ही

गँवा दी उम्र जिसको जीतने में
वो दुनिया मेरी जाँ तेरी न मेरी

अदाकारी, रियाकारी, दिखावा
हक़ीक़त की ज़बाँ तेरी न मेरी

आशना दिल को जलाने आये
तेरे क़िस्से ही सुनाने आये

दिल ही दिल में हैं पशेमाँ दोनों
कौन अब किसको मनाने आये

इक तमन्ना है अब के मैं रूठूँ
और वो मुझको मनाने आये

ज़माने का चलन ऐसा है यारो
यहाँ पहला ख़ुदा पैसा है यारो

नक़ाबों से परे देखा तो जाना
हर इक चेहरा मिरे जैसा है यारो

दुआ है और न कोई बद्दुआ है
ये दुनिया तो महज़ इक हादिसा है

यही सच्चाई है हर एक सच की
जो सच लगता है बस इक ज़ाविया है

कोई धड़कन न रवानी न कहानी बदले
दिल की राहों में फ़क़त चेहरे बदल जाते हैं

कोई बाज़ीचा–ए–अतफ़ाल नहीं राह–ए–वफ़ा
ये तो आशिक़ हैं जो गिर–गिर के सँभल जाते है

न तो ख़ौफ़ रोज़–ए–जज़ा का हो, वही इश्क़ है
न मलाल रद्दे–दुआ का हो, वही इश्क़ है

मैं हूँ आईना, तेरा अक़्स है, मेरी रूह में
कोई दायरा न अना का हो, वही इश्क़ है

नहीं आरज़ू, मेरी आरज़ू को सुने ख़ुदा
असर आरज़ू में बला का हो, वही इश्क़ है

न हों ख़्वाहिशें न गिला कोई न जफ़ा कोई
न सवाल अहद–ए–वफ़ा का हो, वही इश्क़ है

मुख़्तसर–सी है दास्ताँ 'मीता'
हर कोई बस जिया, जिया यूँ ही

ख़ूब दस्तूर है मोहब्बत का
हार कर जीती बाज़ियाँ मैंने

पर कतर पाई जब न ख़्वाबों के
बन्द ही कर दीं खिड़कियाँ मैंने

इतना चाहा है उन्हें कि ख़ुद से जुदा हो बैठे
और उनका ये सितम है कि ख़ुदा हो बैठे

जो क़तरा आँख से तेरी तेरे गालों पे बहता है
निहाँ इक दास्तान–ए–ग़म ज़माने भर से कहता है

उगता सूरज पूजने वालों तुमने भी तो देखा है
दुनिया रौशन करने वाला शाम हुई तो डूबा है

जब ज़िन्दगी की शाम ही इतने क़रीब है
तब सोचती हूँ ज़िन्दगी कितनी अजीब है

होश में पाँव लड़खड़ाते हैं
बेख़ुदी हो तो सँभल जाती हूँ

तेरी आवाज़ में आऊँ कैसे
मुज़्तरिब दिल है मनाऊँ कैसे

जो अयाँ हो गई आँखों से मेरी
उस हक़ीक़त को छुपाऊँ कैसे

मीता के कलाम के बारे में...

मीता की शायरी इस ज़माने की शायरी से बिल्कुल अलग है। इनकी ग़ज़लों में फ़लसफ़ा है जिसे ज़िन्दगी के तज़ुर्बों से जोड़ते हुए, बड़े आसान लफ़्ज़ों में बयान किया गया है।

मीता की ग़ज़लों में सब से अहम जज़्बा इश्क़ का है। इनकी शायरी में इश्क़ से जुड़े अल्फ़ाज़ ये कहते हैं कि इश्क़ अपने आप में मुकम्मल है और कोई सिला नहीं माँगता। इनका कलाम मजाज़ी इश्क़ को बड़े अनोखे अन्दाज़ में बयान करता है। मीता का इश्क़ मजाज़ी है और नहीं भी...ये मजाज़ी इश्क़ अपनी ही एक अलग पहचान बनाते हुए, हक़ीक़ी भी नज़र आता है।

इस इश्क़ की एक झलक नज़र आती है इस शेर में...

"जब से तुझको ख़ुदा बनाया है
ख़ुद को खोकर ही ख़ुद को पाया है"

या फिर...

"हज़ारों मंज़िलें फिर भी मेरी मंज़िल है तू ही तू
मोहब्बत के सफ़र का आख़री हासिल है तू ही तू"

इनकी ग़ज़लों को सुनते ही धुन बेसाख़्ता ज़हन में आ जाती है...यानी के इनकी ग़ज़लों में भरपूर मौसिक़ियत है।

—पद्मश्री शान्ति हीरानन्द

"मुझे ख़ुशी है के अमीता जी ने उर्दू ज़बान को पसन्द किया, बाक़ायदा शायरी की...अमीता जी की शायरी का ख़याल बहुत ख़ूबसूरत है। और

इससे भी बड़ी बात ये है कि वो उसे बहुत ही साधारण ज़बान में कह पाती हैं। ये ज़रूरी है। आज के दौर में, जब तक ऐसी शायरी नहीं करेंगे जो लोगों तक पहुँचे, और ख़ासतौर पर युवा पीढ़ी तक, तो इसके आगे बढ़ने में कमी आ सकती है।"

—पद्‌मश्री शबाना आजमी

"अमीता परशुराम आज की बहुत ही मक़बूल शायरा हैं। मुझे उनकी शायरी बहुत पसन्द है। वो आज की दुनिया की बात कहती हैं। उनकी शायरी में एक नयापन है जो हर एक के दिल तक जाता है और हर उम्र के लोगों को समझ आता है। उनके लफ़्ज़ आसान और ख़ूबसूरत हैं और अहसास बहुत नाज़ुक हैं। जब मैं उनकी ग़ज़लें पढ़ता हूँ तो लगता एक–एक शेर को सँभाल के रखूँ के कहीं टूट ना जाये।

उनकी किताब का मुझे एक अर्से से इन्तज़ार है, और मुझे बहुत ख़ुशी है के अब उनकी ग़ज़लों की किताब छपने जा रही है, मुझे यक़ीन है के इस किताब के साथ उनकी शायरी को एक नया मक़ाम हासिल होगा। मेरी दुआएँ हमेशा उनके साथ हैं।

...प्यार और दुआएँ।"

—चन्दनदास

"बेहद ख़ूबसूरत कलाम! मीता के लफ़्ज़ों में आपके अन्दर की इन्सानियत और आप की ज़िन्दगी के उतार–चढ़ाव का एक कमाल का नक़्शा सामने आता है।

यूँ तो सभी ग़ज़लें ख़ास हैं मगर एक ग़ज़ल मेरे दिल के ज़्यादा क़रीब है...

"ये आरज़ू है के अब कोई आरज़ू न रहे
किसी सफ़र किसी मंज़िल की जुस्तजू न रहे"

इनकी ग़ज़लें इनके दर्द की अक्कासी के साथ–साथ इनकी शख़्सियत में जो पुख़्तगी है, उसकी भी नुमाइंदगी करती हैं"

–उस्ताद शुजात ख़ान

"अमीता परशुराम की किस–किस ग़ज़ल की तारीफ़ करूँ। आपकी ग़ज़लें और नज़्में बेपनाह गहराई और गीराई, वुस्सते–मज़ामीन अल्फ़ाज़ की दरोबस्त नग़मगी से भरपूर, फ़न्नी और शेरी मुहासिन से आरास्ता हैं। आपकी फ़िक्र तग़ज़्ज़ुल–आशना है। 'इश्क़ लम्हे' दिलनशीं, आला–मयारी, नज़्मों और ग़ज़लों का हसीन गुलदस्ता है। अल्लाह करीम आपके इल्म–ओ–फ़न में और इज़ाफ़ा फरमायें।

–जनाब आसिफ़ कमाल

"अमीता जी से मेरी मुलाक़ात तक़रीबन उस वक़्त से है जब उनके शेरी सफ़र का आग़ाज़ हुआ था। इब्तिदा में उनका जौक़ और शौक़ कविता और नज़्म तक ही महदूद था।

ग़ज़ल कहना जितना आसान है, ये फ़न उतना ही मुश्किल भी है। ग़ज़लें हमेशा बहुत लिखी गयी हैं मगर ग़ज़ल कम कही गयी है। ग़ज़ल तग़ज़्ज़ुल का ज़ेवर है। जिन शोरा ने तग़ज़्ज़ुल से (दानिस्ता या ग़ैर–दानिस्ता) गुरेज़ किया या बगावत की, वो एक ग़ज़ल गो साबित नहीं हो सके।

दूसरी असनाफ़–ए–सुख़न में भी तग़ज़्ज़ुल का जादू सर चढ़कर बोलता है। इसकी मौजूदगी उनके मयार की बुलन्दी की ज़ामिन है। मसअलन फ़ैज़ की नज़्मों में तगज़्ज़ुल की मौजूदगी ने उन्हें लाफ़ानी बना दिया। ख़लील जिब्रान की नज़्म में भी तग़ज़्ज़ुल का ही जादू कार–फ़रमा नज़र आता है ।

"तग़ज़्ज़ुल दरअसल एक रोमांटिक दिल के धड़कने की आवाज़ है जो किसी मक़सद के इश्क़ में मुब्तला हो जाने के नतीजे में पैदा

हो जाने वाले जुनून की कैफ़ियत से नमूदार होती है।

इन बातों को नज़रअन्दाज़ करते हुए अमीता जी ग़ज़ल के सफ़र पर निकल पड़ीं। मुझे क्या ख़बर थी के इश्क़ ही उनकी ज़िन्दगी है और जुनून उनका तर्ज़–ए–अमल। उनकी पूरी शख़्सियत भरपूर तग़ज़्ज़ुल की हामिल है।

उनकी शायरी का सफ़र ज़ाती इश्क़ के तजुर्बात से गुज़रता हुआ, जुनूनों–ज़ात की तरफ़ माइल है और वो एक दानिश्वराना तरीक़े से ज़िन्दगी के हक़ाएक़ और मलाल पर नज़र डालने लगीं।

कुछ अशआर जो मेरे हाफ़िज़े में महफ़ूज़ हैं...

''क्या मैं इक हर्फ़ था लिखा यूँ ही
मेरा होना भी बस हुआ यूँ ही

इक ख़ुदा की वो बात करता था
और फिर हो गया ख़ुदा यूँ ही''

अमीता जी की शायरी में अभी और भी इम्कानात हैं। शायरी का आख़री पड़ाव जिसमें शायर ज़ात और कायनात के बाहमी रिश्तों का इज़हार करता है...'उसका इन्तज़ार है'।

ये माहिर–ए–नफ़्सियात इन्सानी रिश्तों और अहसासात की पासदार, मेरी नज़र में कमालात का मुजस्समा हैं।''

–डॉ. नसीम अजमल

❑❑

'मीता' का सफ़र

डॉ. अमीता परशुराम 'मीता' की पैदाइश दिल्ली में सन् 1955 में हुई। इनके वालदाइन, पार्टिशन के वक़्त, गुजराँवाला, पाकिस्तान से दिल्ली आये थे। क्योंकि इनके घर में बोली जाने वाली ज़बानों में, पंजाबी और उर्दू का ज़ोर रहा, मीता की शायरी में भी इन दोनों रंगों का इम्तिज़ाज देखने को मिलता है।

मीता जिन शायरों के कलाम से मुताअस्सिर हुई, उनमें सबसे पहला नाम है साहिर लुधियानवी का है। उनके अलावा नासिर काज़मी और परवीन शाकिर ने भी मीता के शेरी सफ़र में एक मख़्सूस रोल अदा किया...और फिर ग़ालिब, मीर, फ़ैज़, मजाज़ और फ़िराक़ पढ़ना तो हर क़दम पर लाज़मी था।

दाग़ देहलवी, दिल्ली घराने के अन्दाज़ का मीता की शायरी पर दो तरह से असर वाजेह तौर पर नज़र आता है : बेबाक बयानी और मिसरों में रवानी!

मिसाल के तौर पर...ये शेर...

"उसने मेरी ही रफ़ाक़त को बनाया मुल्ज़िम
मैं अगर भीड़ में थी, वो भी अकेला कब था"

मीता बचपन से ही कविता, शेर और आज़ाद नज़्में लिखती रहीं। और नफ़्सियाती तालीम हासिल करने के बाद मीता की शायरी ने एक मुन्फ़रिद अन्दाज़ और मुक़ाम हासिल किया।

माहिर–ए–नफ़्सियात होने की वजह से, मीता की शायरी, पढ़ने वालों की ज़िन्दगियों से जुड़कर उनके दिल में एक ख़ास जगह बना लेती है...

पद्मश्री शायर, नाज़िम और एक अज़ीम शख़्सियत (स्वर्गीय) **जनाब अनवर जलालपुरी** का कहना है कि, "अमीता परशुराम की शायरी में नारी के पाकीज़ा जज़्बात और अहसासात की ताज़गी है। उनकी शायरी में जागती हुई आँखों की बेचैनी और सोयी हुई आँखों के सपने हैं। प्यार, मोहब्बत और इश्क़ के साथ साथ, इन्सानी चेहरों के बदलते हुए रंगों की तस्वीर बनाने के हुनर से अमीता जी अच्छी तरह वाक़िफ़ हैं। उनके अशआर में संगीत है...उनकी ग़ज़लें जब मौसीक़ी में ढल जायें तो ऐसा असर रखती हैं जो कभी ख़त्म नहीं हो पाता। मेरी नेक तमन्नाएँ उनकी ख़ूबसूरत शायरी के साथ हैं।"

मीता के कलाम पर आधारित

ग़ज़ल एलबम...

jo aaj tak na
keh saki...
Ghazals
by Ameeta Parsuram 'Meeta'

TIMES
music
Irshaad
Ghazals written by Ameeta Parsuram
Sung by Rekha Bharadwaj & Sudeep Banerjee

UNIVERSAL
Ishq Lamhe
Rashid Khan
Suha Khan • Ameeta Parsuram

A Ghazal Factory Production
KAHU'N AUR KYA
Ustad Shafqat Ali Khan
Ameeta Parsuram "Meeta"

MUSIC
aar Bepa

TIMES music
Times Music, Raj Suri and A. Hariharan invite you to the launch of a new single
Afsaane
at the hands of maestro of Indian cinema and music Mr. Vishal Bhardwaj
The song is composed and sung by Hariharan, music produced by Akshay Hariharan and penned by Ameeta Parasuram.
The video of the song features Karan Hariharan, Sandeepa Dhar along with A. Hariharan.
Date: 16th July, Monday
Time: 5pm – 7pm
Venue: THE VIEW
Fun Cinemas Lane, above Hardrock Cafe,
off Veera Desai road, Andheri West, Mumbai - 400053.